これでわかった！ 決算書

損益計算書、貸借対照表から
キャッシュ・フロー計算書、経営分析まで

Yoichi Ishijima
石島 洋一

PHP
Business Shinsho

PHPビジネス新書

はじめに

「先生、今までの本より、もっとやさしく書けないですかね……」

この本の編集者であるＰＨＰ研究所・Ｙ氏の言葉だ。


私はショックで黙ってしまった。

『わかりやすい』――それが私のこれまでの著書や研修に対する評価だった。

「今まで何冊も決算書の本を読みましたが、この本でようやくわかりました」

「決算書の研修をいろいろ受けたけど、先生の講義が最高にわかりやすかったです」

そんな読者や受講者からの手紙やＥメールによろこびを感じ、十分にやさしいと思っていた私だった。

「これ以上にやさしくなんて書けない」

思わずそう言いそうだった。

しかし、考えてみれば、著者である私に感想文を寄せてくれるのは、「わかった」人だけだ。良い感想しか届かないのである。

他の多くの人が「やっぱり、この本でもわからなかった」「わかりやすそうな感じだったけど、難しかった」と思っているかもしれない。

だとしたら、素直な気持ちでもっとわかりやすい本を書いてみよう。

原点に立ち戻って、「よりわかりやすい本」を書いてみようと思った。

決算書の理解はどうして難しく感じるのだろうか？

おそらくその理由の一つは、「数字」だろう。

数字がたくさん出てくると、それだけで「難しい」「わからない」「おもしろくない」となる。

おもしろくなければ、学習意欲もわかない。

そこで、この本では数字を使わないで決算書を理解することにチャレンジしていきたいと思う。
もともと数字の羅列である決算書について、数字をまったく使わないことは無理だが、できるだけ数字を使わずに仕組みが理解できる本に仕上げていきたいと思う。それが、この本を書く私の誓いである。

二〇〇六年八月吉日

公認会計士　石島　洋一

これでわかった！　決算書◉目次

第2章 財産と借金の状況を示すのが「貸借対照表」

第3章 「経営分析」をしてみよう

第4章 「キャッシュ・フロー計算書」って何?

図表作成/きゃら

第1章

「損益計算書」の仕組み

I 利益について考えてみる

1 儲けって、なんだ？

■お金が増えても、利益とは言わない

「儲け」って、いったいなんでしょうか？

日常会話の中で使う「儲け」は、思いがけず、ラッキーであったときのことを言う場合も多いでしょう。

「あんなことがあったので、儲けた!!」

あるいは、競馬などの賭け事のときにも使うことがあります。

「今日の２－５は大当たり。儲けた!!」

こうしてみると、儲けとは意外性のあることなのでしょうか。

また、相手をうらやむようなときにも使います。

「あの野郎、うまく儲けやがって……」

そうであるとすると、他人が儲けたときには、他人をうらやむ礼儀として使う言葉でもあるようです。確かに、他人が得をした話を聞くと、相手に対する尊敬の念よりも、「やっかみ」と関係することが多いものです。もっとも、私たちのような会計人には、他人が儲けた話をいちいちやっかんでいては身が持ちませんが。

■返さなければならない金額は、利益ではない

このように「儲け」という言葉は、

①思いがけず、予想以上のラッキーなことがあったこと

②商売がうまくいくなどして得をした場合

などに使われます。

どちらの場合でも儲けることによって、お金が増える――。

確かに、「儲けたことによって、お金が減って損をした」という人はいないでしょうから、儲かることによって、お金は増えるものなのでしょう。

しかし、逆に考えてみましょう。

お金が増えたことは、儲けたと言えるのでしょうか?

たとえば、私が友人から、一〇〇万円を借りたとしましょう。

これは、儲けでしょうか……。


お金を借りたときに、「これは儲けた」と考えられるのは、本当に困っていて、誰も助けてくれないときです。そんなときに救世主が現れ、お金を貸してくれた——これは先ほどの①の、思いがけずという意味での「儲け」と言えます。

この場合、②の得をしたという意味で、「儲け」という言葉を使うと問題になります。「お金を借りた、借りてしまえばこっちのモノ、返すつもりはない、だから得をした……」。これでは犯罪です。

得をした、という意味で使う「儲け」は、返す必要がある場合には使われません。借入をした場合のように、あとで返す必要のある場合に現金が増えるのは「儲け」ではないのです。

営業をして、努力の結果、儲けが発生し現金が増えても、これは返済の必要はありません。こうした返済の必要のない儲け――それこそが、決算書でいう「利益」なのです。

2　利益のみなもと

■どうして儲けが増えたか

会社の儲け（利益）に話を移していきましょう。

会社はどのようにしたら、儲かるのでしょうか？

たとえば、モノを売っている会社を考えてみましょう。仕入業者から商品を仕入れ、それを顧客に売ります。当然、仕入れた金額よりも高い金額で売りますから、そこに儲けが発生します。

売値と買値（仕入値）との差が売買差益です。

まず、会社の利益の第一段階は、この売買差益です。

この売買差益のことを「売上総利益」と言います。

しかし、会社の最終利益は、この売上総利益ではありません。

営業をしていくためには、人を雇い入れ、その人たちに給料などを払う必要があります。社員に支払う給料などを、会社の経費と言います。

給料以外にも経費は多いものです。

お客様を集めなくてはならないので、広告宣伝をすることも必要でしょう。店舗などを借りようと思えば賃借料、商品を運ぶには運賃がかかります。そして販売には直接関係ありませんが、税務申告などをしてもらえば税理士さんへの手数料も必要です。これは、絶対に忘れてほしくはないものです。我々の業界からのお願いでもあります。


会社の最終利益は、こうした経費を差し引いて求めます。そして、どのように利益が発生するか、それを記入してあるのが「損益計算書」なのです。

Ⅱ 会社の実態を知ろう!!

１ 儲かっている会社とそうでもない会社

■倒産件数って、どのくらい？

先日の日曜日でした。顧問先のA社の社長からの電話。

「得意先の会社がつぶれました。どうしよう、先生……」

大きな金額の売掛金が消えてしまいます。当然ながら、私の顧問先のA社の資金繰りも厳しくなります。取り戻せる商品もなく、ましてや担保など、とってはいません。

相手の会社がつぶれてしまったとき、つぶれたあとでは、実際にできる対応策は限られています。

「倒産してしまった会社など相手にするより、さっさとあきらめて、他の仕事をした方がいいよ」

とアドバイスする人もいるくらいです。

倒産した会社から、A社が受け取れる可能性のある金額はごくわずかでしょうし、倒産した会社が財産の整理をし、残った財産を配分するまでには、随分と時間がかかるでしょうから、A社にとっては資金繰りが大問題となります……。

このように現実の経営では、何があるかわからないのです。


倒産する会社はここ数年少なくなっています。日本で一番倒産が多かったのが一九八四年(昭和五十九年)、この年二万件以上の倒産があったとされています。一日に六〇社近くの会社が倒産したのです。三十分に一件倒産があったことになります。

ここでいう倒産の定義は、一〇〇〇万円以上の負債を抱えているものですから、それ以下の倒産や自主廃業等を含めたら、莫大な数になるのでしょう。

倒産する会社の経営者はもちろん、社員、そして家族、会社の保証人をしていた人たち、取引先、株主……たった一件の倒産で多くの人の人生に影響を与えることになります。

会社をつぶしてはいけません。

といっても、ビジネスにはリスクはつきものです。完全に安全などという商売はありませんし、ある程度の勇気をもたなければ、ビジネスは成り立ちません。

できるだけリスクを回避しつつ、効率の良いビジネスに投資をしていく――書くのは簡単ですが、会社はこうしたバランスを考えて運営・成長させていく難しさがあるのです。

■儲かっている会社はどこに……

最初から、倒産の話など縁起でもないかもしれませんね。では、ここでまったく逆のお話をしましょう。

日本の企業の中で頑張っている企業といえば、トヨタ自動車や武田薬品工業（それぞれトヨタ、タケダと呼ぶ場合もあります）、キヤノンなどの会社が挙げられます。

これらの企業はどのくらい儲かっているのでしょうか？

トヨタの例を取り上げてみましょう。

トヨタ（連結）の売上高は約二一兆円。この〝二一兆円〟というのはどのくらいの金額でしょうか。普通の人の感覚では、一億円、いや一〇〇〇万円でも一〇〇〇万円でも十分に大金でしょうから、もう二一兆円などという数字は、「いっぱい」という感覚、たとえようのない大金です。

しかも、最終利益も一兆四〇〇〇億円程度ですから、これもすごい。

売上にせよ利益にせよ、このような数字は、天文学的ですから、我々の頭にはピンと来ません。

年間一〇〇〇万円稼ぐ人であれば、その人が十四万年積み上げた数字です。ヤンキースの松井秀喜選手が四年契約で六〇億円と言われていますから、松井選手が約九百三十年かけて生み出す数字でもあります。

でも、松井選手クラスの人が九三〇人もいれば、一年間でトヨタと同じ利益が稼げるのですから、これはいかに松井選手の年俸が高いかということでもあります。もっとも、松井選手クラスの人が九三〇人もいたら、そんなに高い年俸は払わないでしょうが……。

このトヨタを始め、主な企業の売上高と利益（当期純利益）は図表1のようになっています。

ここに挙げた会社は、最終の当期純利益が一〇〇〇億円以上の会社ばかりです。その中でも、トヨタの利益がいかに大きいか、確認できると思います。

図表　1

有名企業の売上高と利益（連結）

平成18／3直近期　　単位　億円

企業名	売上高	当期純利益
トヨタ自動車	210,369	13,722
日産自動車	94,283	5,181
ホンダ	99,080	5,970
武田薬品工業	12,122	3,132
キヤノン	37,542	3,841
松下	88,943	1,544
ソニー	74,754	1,236
三菱商事	190,672	3,500
新日本製鐵	39,063	3,439
JFE	30,984	3,260
東京電力	52,555	3,104

※本書で用いる数値は概数なので、
端数の計算が合わない場合があります。

2 良い会社という評価は？

■売上と利益の関係

図表1で取り上げた企業は、規模も大きく、儲けもあるのですから、まず良い企業と言ってよいでしょう。しかし、一方で売上は大きいが、利益は小さい企業もあります。

知名度の高い日本ハムの売上高（平成十八年三月期決算）は九六〇〇億円、ところが当期純利益は約九億円、売上規模に比べたら、非常に小さな利益ということになります。マイナスにならないだけよいのかもしれませんが、売上高が大きいが、利益は小さいという企業の評価はどうなのでしょうか。

売上高が大きいということは、社会的にも重要な地位を占めています。ここに取り上げさせて頂いた日本ハムといえば、歴史も知名度も業界での地位も非常に高いわけです。

しかし、そのわりには少ない利益です。「社会的貢献が大きく、あまり儲けないでやっているのだから、これでよいのだ」と考える人は少ないでしょう。会社が成長維持していくためには、利益は絶対必要なのです。

残念ながら、この年の日本ハムは「良い会社」という評価とはほど遠い、そう言わざるを得ません。しかし、会社の売上や利益は非常によく変化します。特に利益は、その年のいろいろな状況で大きく変わってきます。ですから、たまたまの年度だけできちんとした評価はできません。

3　中小企業の実態は？

全国には約五七〇万の企業（個人企業も含む）があり、その中で二五五万の会社があります。日本の成人のうち、約四〇人に一人が会社の社長だし、個人企業を含めれば一八人に一人が企業のトップということになっています。

そう考えると、「社長」というのも大層な存在ではないようです。

ところで、その事業所数が最近は減っています。

なぜなのでしょうか？

理由はいろいろあるでしょうが、基本的には儲かっていないからでしょう。

図表 2

黒字法人と欠損法人

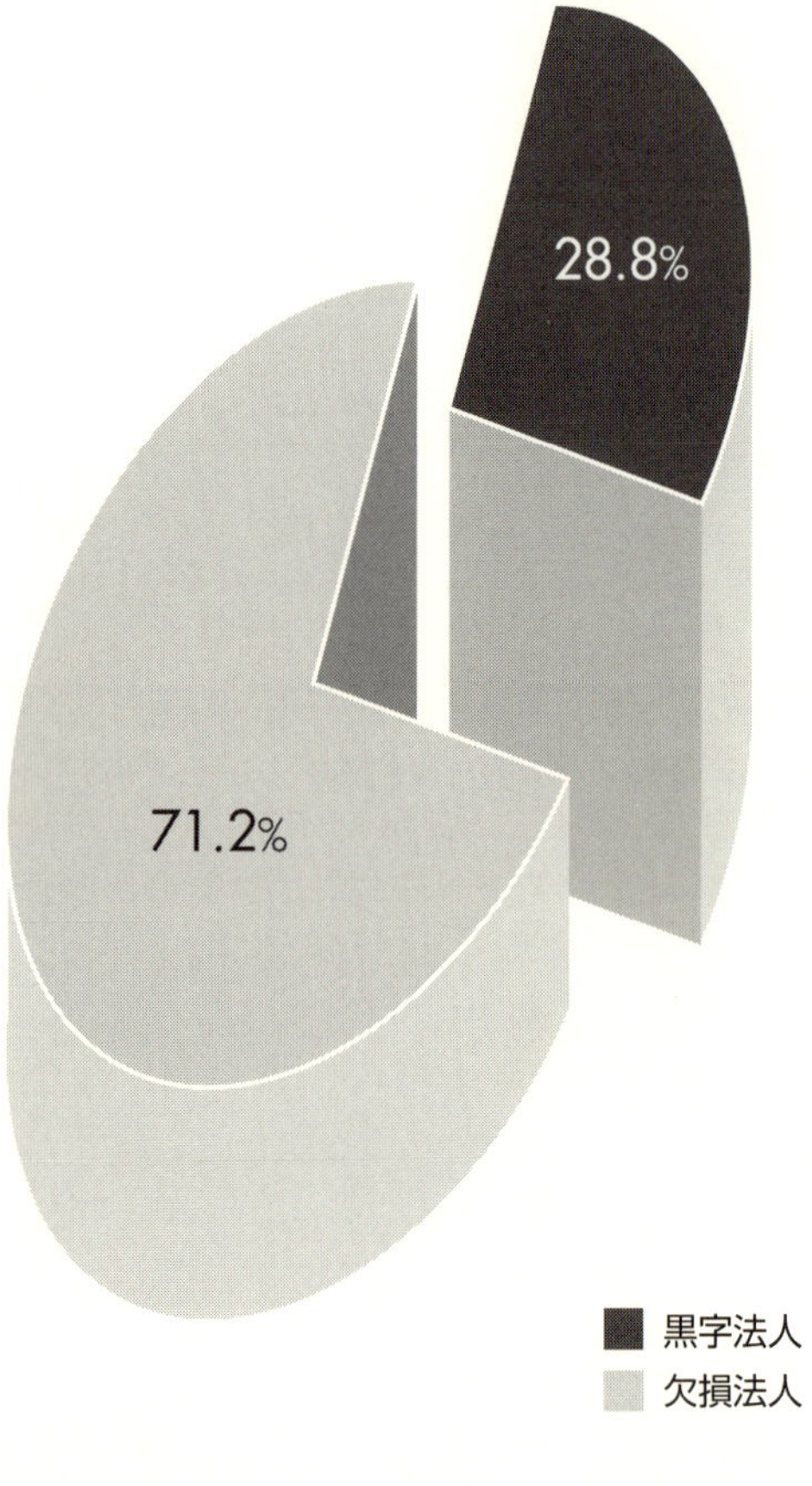

国税庁の発表によれば、全国にある会社のうち、七〇％超が欠損企業（法人）、つまり法人税を支払っていません（図表２）。

それほどまでに企業経営は厳しいのです。

もっとも、欠損企業とは言っても、税金を支払っていない（支払う必要がない）だけであって、その年度が赤字とは言い切れません。前年度に大きな赤字があれば、その赤字は七年間繰越ができますので、税金を支払う必要がありません。こうした企業を欠損企業の仲間に引き入れて七〇％超が欠損なのです。

中小企業庁の発行している「中小企業の財務指標」によると、中小企業の最終利益の平均利益率はゼロに近くなっています。ごくわずかな利益でも出せれば立派です。こうした中にあっては、社員一人一人が数字を意識すれば、優良企業の仲間に入る可能性が十分にあるのです。

Ⅲ 損益計算書の仕組み

1 そんなに単純ではない企業評価

■ヤマト運輸の「事件」

私は、企業の研修講師として仕事をすることが多々あります。ヤマト運輸（ヤマトHD）も研修講師をしている一社です。

ヤマトは元気のある企業ですし、顧客に対する考え方も良い。是非とも頑張ってほしい会社です。

そのヤマトの研修会で、ある幹部が「みんなの頑張りで、今度の期（中間期）も良い決算が発表できそうだ」と話していました。

私は嬉しかったです。ヤマトの利益増大によって、私の講師料が増えるわけではありませんが、それでもお付き合いしている会社の利益が増えるのは嬉しいものです。

私は一瞬思いました。「そうだ、ヤマトの株を買えばよいのだ」と。

しかし、インサイダーまがいになっては問題なので、株の購入はやめました。ところが、それから数日してからのことでした。日経新聞の見出しで、

『純利益二九%減に（ヤマト中間、予想比）』

と載りました。読者の皆さんはどう思われるでしょうか……。

私は、この一八〇度違う見出しに「……」状態でした。会社の幹部がウソを言ったのでしょうか、それとも新聞の見出しに間違いがあったのでしょうか？

実は、両方とも間違ってはいなかったのです。

通常の経営活動ではヤマトの利益は拡大していました。幹部が言っていたのは、そのことでした。

しかし、一方で会計基準の変更の関係で、固定資産の臨時的な評価損失（減損）が発生していました。積極的に損失を計上した結果、最終的な利益が減少することになったのも事実です。

新聞報道だけを見て、「ヤマトの状況は良くないのではないか？」そう思われた人も多い

のではないでしょうか。

確かに、「企業の利益は最終的にいくらかで見るのが正しいのだろう、途中過程の利益がいくらでも関係ないのではないか」と言う人もあります。

しかし、企業の評価は最終利益だけですべてを計るモノではありません。そのことについて、損益計算書の構成を見ながら考えていくことにしましょう。

2 売上高がすべての出発点

■売上計上はいつ？

損益計算書は、会社の儲け具合を判断する表ですが、通常は一年間のその企業の儲けの状況を示しています（そのほかに半年、三カ月単位の損益計算書などがあります）。

その出発点となるのが売上高であり、ゴールとなるのが最終利益である当期純利益です。その中間に各種利益が掲げられており、その意味を十分に知っておくことが必要となります。

まずは「売上高」です。

別に売上高など、あえて説明しなくてもよさそうなものですが、いつをもって売上とするか、また、消費税の扱いはどのようにするのかなどを考えなくてはなりません。

まずは、いつの段階で売上を計上するかが問題です。

売上というのは、商品を相手に渡したときをもって計上するというルールがあります。工事などの請負の場合には、その工事が完成したときに売上計上することになっています。

このように、いつ売上計上するかまで細かく決められているのは、しっかりしたルールがないと、できあがる決算書もいい加減になり、信頼がおけないからです。

そこで、納品や請負業務完了のときをもって、売上を計上することになっています。だから、まだ納品もしていないのに、売上計上するのはルール違反なのです。

逆に、納品をしているのに売上計上をしていないのもルール違反となり、税務当局からおしかりを受けることとなります。ただ納品時というのは、倉庫からの蔵出し時や相手先の検収を受けた段階でも、その企業のルールでよいことになっています。

■税込みか、税抜きか

もう一つの問題が消費税です。決算書に書かれる数字は税込みか税抜きか、が問題となります。

日本の消費税は、将来税率アップが見込まれていますが、現状の五%は諸外国と比べて極端に低いものです（図表3）。とはいえ、五%でも、決算書に税込みで計上するのか税抜きで計上するのかでは大きな違いがあります。ましてや、ヨーロッパ諸国のように消費税率が二〇%前後になったらなおさらです。

基本的には税抜き方式も税込み方式も認められているのですが、比較的大きな会社では税抜き方式を採用しています。これは、負担者は最終ユーザーであり、会社は負担をするものではない、という性格が消費税にあるので、消費税がないとした場合の状況を示そうということです。

このことは売上ばかりではなく、仕入れや諸経費の取り扱いでも同じことになります。もちろん、売上高が税込みなら経費も税込みといったように、同じ方法をとることになります。

図表 3

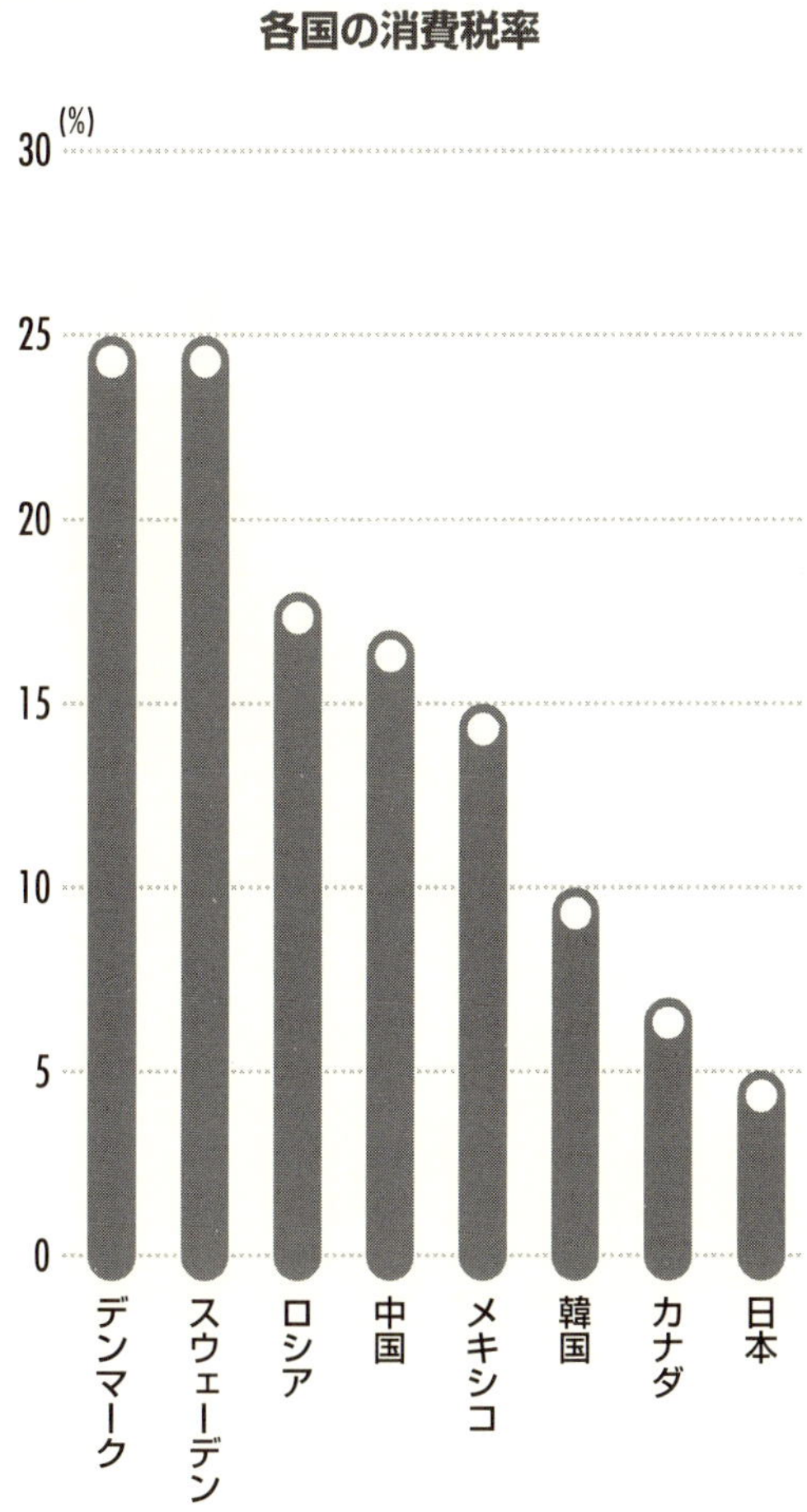

3　売上総利益率の高い業種

■街中の酒屋さんの利益率は?

売上高から売上原価を差し引いた金額が、「売上総利益」です。

売上高 − 売上原価 ＝ 売上総利益

売上原価は、卸売店や小売店であれば、売った商品を仕入れた金額、製造業であれば製品を作り上げた製造コストです。

ところで、最近街中を歩いていると、昔とは随分商店の形態が変わっているのに気がつきます。だいたいにおいて商店街には空き店舗が目立つし、「全国チェーン」のお店の数が増えたな、とも思います。

酒屋さんの業界もディスカウンターの出現により、様変わりしました。中小の酒屋さんには店を閉めたり、コンビニエンスストアーに転換したところも多くなっています。

図表 4

売上総利益とは？

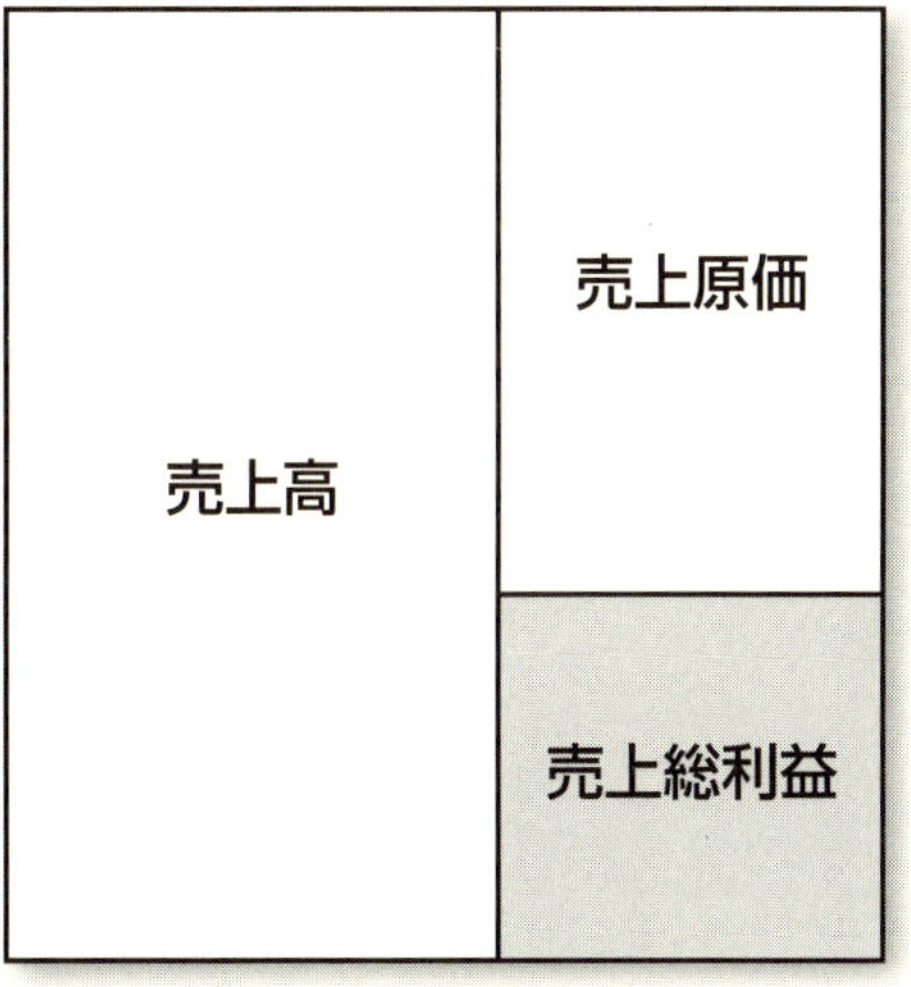

売上高－売上原価＝売上総利益

あの酒屋さんの業界では、売上総利益率（俗称では「粗利益率」という）はいくらくらいなのでしょうか？

実は、酒屋さんの粗利益率は他の業種から比べるとかなり低いのです。普通は小売業であれば、粗利益率は三〇—三五％くらいあるのですが、酒販店では約二〇％です。一〇〇〇円売って、二〇〇円の売買差益です。もちろん、そこから人件費や賃借料などいろいろな経費を支払うことになりますから、それが最終利益ではありません。

宮城県に本部がある酒量販店「やまや」の売上総利益率は一五％程度です。こうした業種では、相当販売効率の良い方法をとっていかないと利益を生み出せません。「やまや」は毎年一定水準の利益を確保し続けていますから、立派なものと言えるでしょう。

■メガネ屋さんは良い商売？

酒屋さんが売上総利益率の低い方の典型なら、小売業で売上総利益率の高い商売にメガネ屋さんがあります。こちらの方は売上総利益率が五〇—六〇％くらいですから、酒屋さんの例とは大きく異なります。

図表 5

粗利益率の大きな差

酒屋さんタイプ

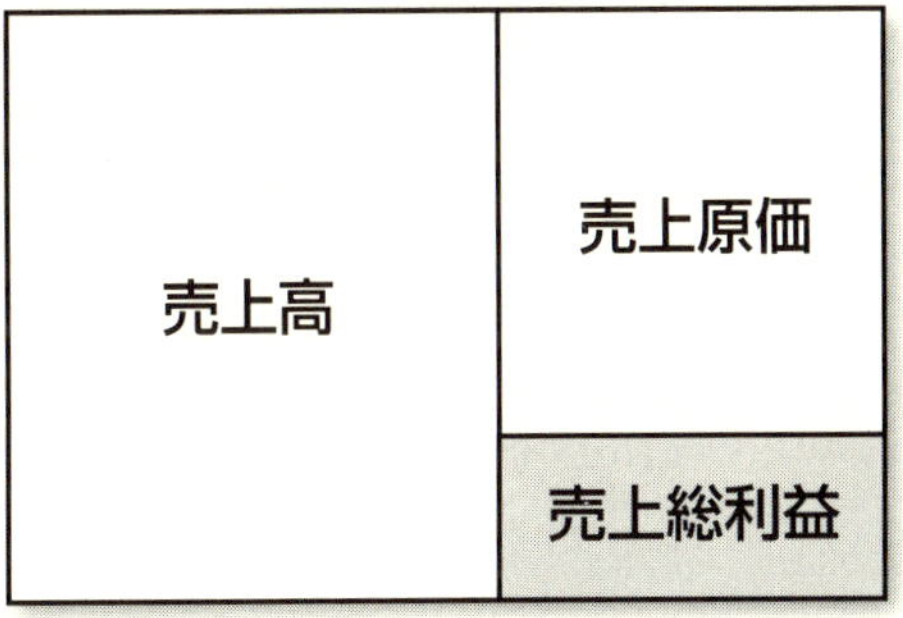

メガネ屋さんタイプ

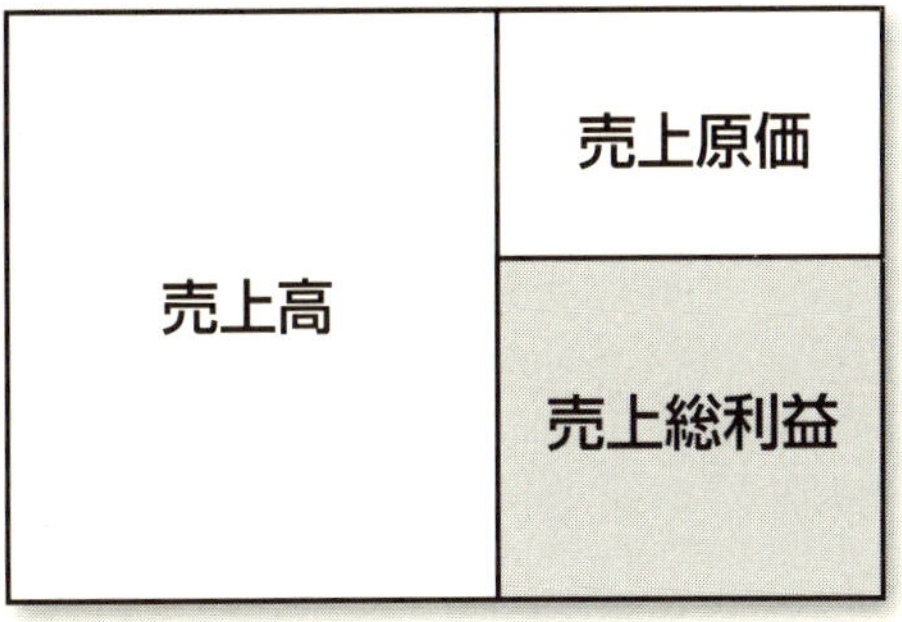

メガネ小売業は、何でこんなに売上総利益率が高いのでしょう？「技術があるから当然さ」。メガネ小売業の店主に聞けば、そうした答えが返ってきます。しかし、技術が高い業種の売上総利益率が必ずしも高いとは限りません。家電小売業は、修理技術などの専門知識を持っていますが、それほど高い売上総利益率ではありません。

医薬品小売業にしても、薬剤師という免許と絡んでいますが、それほど大きな売上総利益率とは言えません（医薬品メーカーの方はすごく高い売上総利益率ですが……）。なのに、メガネ小売業の売上総利益率はなぜ高いのでしょうか？

これはもう、歴史的なものとしか言いようがありません。「昔からそうだったのだ」で片づけたいと思います（「無責任！」と外野の声）。

いずれにせよ、同じ小売業といえども、売上総利益率には大きな差があるということです。

売上総利益率の高い商売が必ずしもうまくいくとは限りませんが、商売におもしろみがあることは確かなようです。

4　メーカーの売上総利益

小売業や卸売業というのは、他の会社から商品を仕入れ、そのまま消費者などに売るわけですから、売上原価の計算は比較的楽です。単純に考えれば、売れた商品の仕入値が売上原価ということになります。

製造業（メーカー）では、この関係がちょっと複雑です。メーカーでは作り上げたモノを、「製品」（商品ではない）と言いますが、この製品の原価を把握するのにはどうしたらよいのでしょうか？

■三つの製造コスト

まず、モノを作るのにはどのようなコストがかかるかを考えてみましょう。

パンを作る工場を想定してみます。パンを作るには、まず材料が必要です。小麦粉やイースト、油脂、食塩など、パンの種類によっても異なるでしょうが、原材料がなくてはパンは作れません。実際の企業の決算書を見ても、圧倒的に多いのがこの「材料費」です。

もちろん、業種やその企業の状況によっても大きく異なりますが、材料費が製造コスト全体の八〇％程度を占めていることは珍しくありません。

しかし、材料だけあればモノを作ることができるかと言えば、それは不可能です。どんなに機械化が進んでいたとしても、機械を動かすのは人間です。多かれ少なかれ人間の力が必要になります。製造過程に携わる人たちに要するコストを「労務費」と言います。

労務費というのは、製品を作るために直接作業する人に要するコストばかりではありません。工場を管理する人、設計作業に携わっている人などの人件費も「労務費」です。

材料費、労務費以外の製造コストを総称して「経費（製造経費）」と言います。パン工場の賃借料、建物・土地などの固定資産税、機械の減価償却費（後述）、水道光熱費等々、多くの経費が必要となります。

このように、製品を作り上げるには、非常に多くの製造コストがかかっています。まとめると、モノを作るときのコストは、大きく三つに分かれます。

①材料費
②労務費
③経費

この三つを中心として、製造原価は構成されているのです。

図表 6

製造の諸コスト

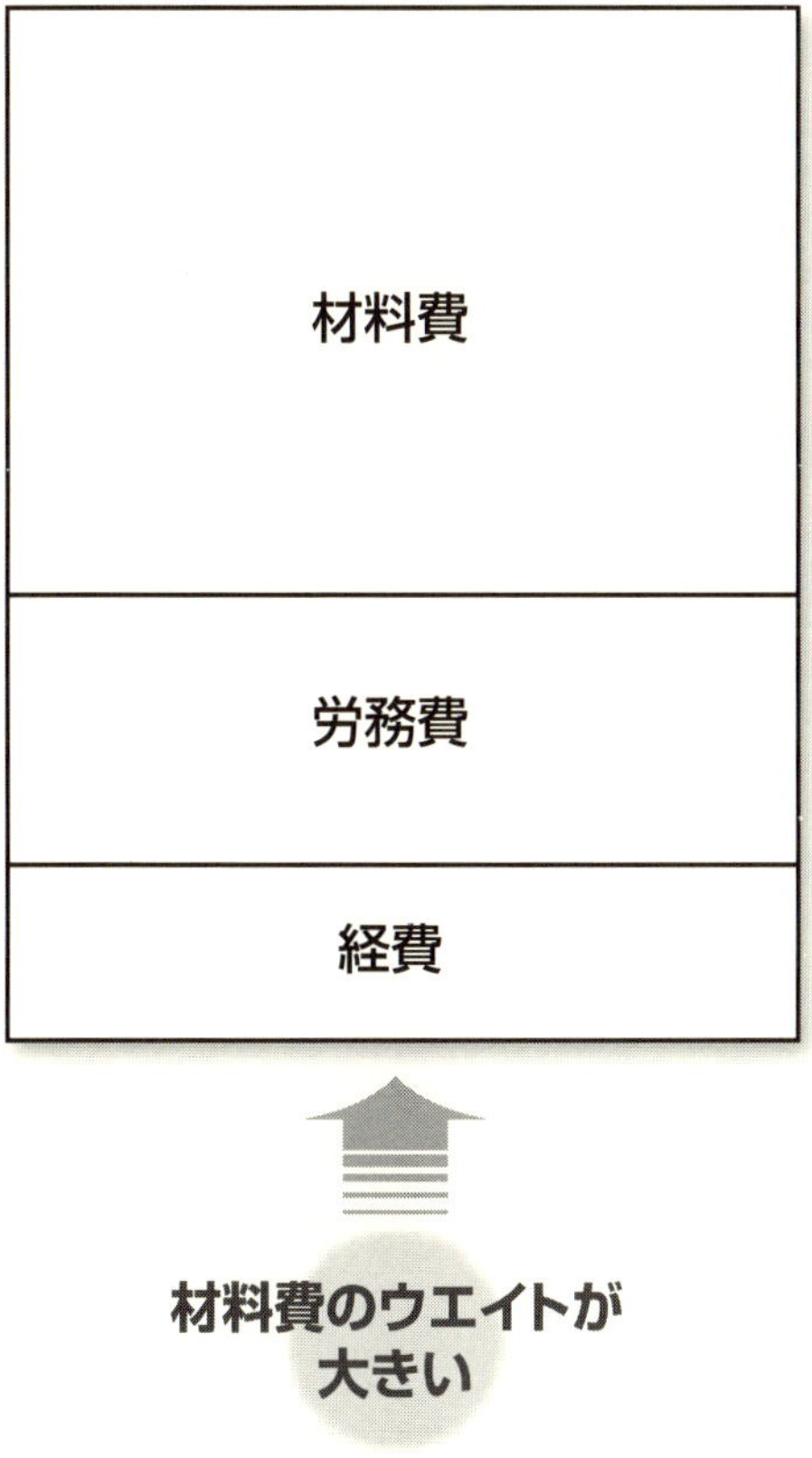
材料費
労務費
経費
材料費のウエイトが
大きい

5　販売費及び一般管理費の種類

■営業経費って、どんなものがあるの？

今まで勉強してきた売上総利益は、簡単に言えば売値と仕入値の差、売買差益と言えます。もちろん、この売買差益が会社の最終利益ではありません。

商品は仕入れたり、作ったりすれば必ず売れるなどという保証はどこにもありません。営業の人たちが売り込み、広告宣伝をしなければ、知ってもらえないし、買ってもらえない。商品を並べておくスペースや倉庫も必要となります。

会社の経営には、こうした経費が多くかかるのですが、一般の人は意外と経費が大きくかかることを知りません。その良い例が、次のようなある程度自信のあるセールスマンと私との会話の内容です。

「先生、聞いてよ！　自分は一カ月にものすごく売っている。粗利益だって、月に二〇〇万円くらいは稼ぎ出している。なのに給料は毎月三〇万円ぐらい。これじゃ、会社は儲かるだろうけど、本人はやっていられないね……」

「でも、会社は経費が結構かかっているのだから、ある程度は仕方ないよ」

「会社の経費って言っても、ほとんどが人件費でしょ。あと他にも多少はかかるだろうけど、ウチの会社は自社ビルだし、他の経費は大したことないと思うけど……」

成績の良いセールスマンの中には独立意欲の強い人がいます。それはそれで元気があってよいのですが、勘違いをしている部分があります。

それは自分の稼ぎ出した粗利益が多いか少ないかの評価の問題です。自分で稼ぎ出した粗利益と自分の給料とを比較している場合が多いのです。しかし、会社は社員の給料以外にも支払うべき経費は多く、そう簡単に利益を確保できないのです。

今の例でも、「ウチの会社は自社ビル」だから経費があまりかからないとあります。ところが、自社ビルなら、固定資産税などの租税公課を払う必要があるし、減価償却費（固定資産の価値減少に伴う費用）だって発生します。建物を維持していけば修繕費も発生してくることになります。ビルを所有しているかどうかには関係なく、水道光熱費は当たり前に発生するでしょうし、もしかしたら、ビル建設のときに借りた借入金の支払利息が（これは営業外費用とされるが）必要かもしれません。

このように、会社が営業上で必要とする経費は実に多いのです。

■経費は罪悪ではない

「できるだけ経費は節減しろ」

無駄遣いの禁止——これに反対する経営者は少ないでしょう。もちろん無駄遣いはどのような会社でも避けなければなりません。

しかし、中には「経費は無駄なのだから、一切、出すべきではない」という信念（？）に凝り固まった経営者もいます。こうした考え方は女性経営者に多いのですが（ただし、このことについて統計的裏付けはないので、女性経営者団体から抗議を受けたら、私は無抵抗でその抗議を受け入れます）、本音は、無駄遣いの排除（けち精神）を徹底したいということなのでしょう。

ちょっとしたことでもうるさく言うことによって、全体をきちんとしたものにしようという精神です。

これはこれで良いのですが、経費を投資と考えると、その考え方だけではいけなくなります。会社に人材がいなくては困るので人的投資が必要です。販売していくためには、宣伝活動が必要ですから、広告投資が必要です。研究開発だって、これがなければ成長し得

図表 7

投資と経費は似ている

販売費及び一般管理費の種類(例)

- 給料
- 広告費
- 水道光熱費
- 減価償却費
- 運賃
- 福利厚生費
- 賃借料
- 保険料
- 交際費
- 研究開発費

など

ない企業は数多くあります。

経費の中でも、人材投資、広告投資、研究開発投資というような名前で呼ばれるモノは投資であることは明らかでしょうし、そうでない経費でも、素直に投資と考えてよい経費は多くあります。

自前の店舗を持たずに、賃借店舗を借りる賃借料は設備投資に代わるものでしょうし、減価償却費（90ページ参照）はまさに設備投資の結果として出てくる費用です。

会社が成長発展していくためには、適度の投資が必要で、それがなければ大きな発展が望めない場合が多いのですから、経費は必要な存在でもあるのです。

■販売費及び一般管理費と営業利益

売上高から売上原価を差し引いた答えが売上総利益でしたが、さらに売上総利益から「販売費及び一般管理費」を引いた金額が「営業利益」となります。

売上総利益 − 販売費及び一般管理費 ＝ 営業利益

売上高に対する営業利益の率（売上高営業利益率）などを見ると、企業の実力の差が見えてきます（「率」については第3章で説明します）。「良い企業」と言われるところの多くは、この割合が一〇％を超える企業が多いのです。

有名企業の実際の決算書例を見てみましょう（次ページ・図表8参照）。

かつては、「規模は大きいが利益は？」などと言われた新日本製鐵（以下、新日鐵と呼びます）ですが、平成十八年三月期は素材産業が好調なこともあって、二桁の売上高営業利益率を確保しました。売上総利益率が二二％弱の会社が、営業利益率は一五％近いというのですから、営業経費が少なく、非常に効率的な経営をしたことになります。

日本で利益NO.１と言われるトヨタ自動車はどうでしょうか。

利益NO.１と言われるくらいですから、売上総利益率もさぞかし高いのだろうと見てみると、あにはからんや売上総利益率は二〇％そこそこで、むしろ新日鐵の方が高いのです。

さらに営業利益率も約九％を確保しているものの、これもまた新日鐵の方が上です。

しかし、トヨタの売上高（連結）は二一兆円であり、新日鐵の五倍以上、それでいて営業利益率を、もう少しで二桁確保という水準で維持しているのは立派なものです。

図表 8

新日本製鐵の損益計算書

（平成18年3月期　連結）

	億円	%
売上高	39,063	100.0
売上原価	30,632	
売上総利益	8,431	21.6
販売管理費	2,668	
営業利益	5,763	14.8

トヨタ自動車の損益計算書

（平成18年3月期　連結）

	億円	%
売上高	210,369	100.0
売上原価	169.449	
売上総利益	40,920	19.5
販売管理費	22,136	
営業利益	18,783	8.9

6　借金が多いとどうなる？

■無利息での借金は……

会社を経営していくと、お金が足りなくなるのが普通です。会社の営業成績が悪ければ、当然資金は不足するでしょう。また、会社の業績が良ければ、さらに利益を得たいと思います。そして、もっと投資をしたくなり、その結果、資金が必要となります。

もしも、その資金を友人から借りることになったらどうでしょうか？

友人がポンとお金を貸してくれたとして、それは無利息でしょうか？

もし無利息であるなら、会社に経費は発生しません。一方、お金を貸してくれた友人も儲けはないことになります。

しかし、別の見方をすれば、会社は無利息で借りたのだからラッキーで儲けたのかもしれませんし、友人は貸し倒れというリスクを負って貸し付けをしたにもかかわらず、なんら儲けの要素はなかったのだから、損をしたとも考えられます。

そうした考え方はあるにしても、無利息でお金を借りたのなら、会社の損益計算書に経費が計上されることはありません。

借りていたお金を返済したときはどうでしょうか？

これは単に他人から借りていたものを返しただけですから、お金が出ていったとしても、経費ではありません。他人からお金を借りて、現金が増えても儲けとは言わないのと同じ理屈です。

■営業外損益と経常利益

しかし、銀行からお金を借りたとなれば、必ず金利はつきます。

たとえば一〇〇万円のお金を、年五％の利息で借りれば、毎年五万円の支払利息を払う必要があります。この支払利息は、立派に経費です。

ただ、支払利息は販売費及び一般管理費には入っていません。先ほどまで勉強してきた営業利益までの段階というのは、まさに営業上稼いだ利益を計算するので、銀行から資金を調達して経営をしようが、全額自己資金で経営をしようが、利益に影響を与えることはないのです。

支払利息は「営業外費用」と言われます。営業上のものではないので、「営業外」と言われるわけです。

支払利息は、銀行等から資金を借りたときに払うものですが、銀行にお金を貸した（預けた）ときに受け取るのが受取利息で、「営業外収益」と言います。

自分の普通預金通帳などを見るたび、受け取る金利の少ないことに気づきます。以前は憤りを覚えることもありましたが、今は怒る気にもなりません。その少ない金利から、源泉税などの税金が二〇％引かれています。いっそ、そんな税金はなくした方が社会的事務コストも少なくなるだろうに、と思います。

いずれにせよ、会社の決算書には、営業利益の下に、営業外収益（代表格は受取利息）と営業外費用（代表格は支払利息）があるということをご理解下さい。そして、営業利益に営業外収益を加え、営業外費用を差し引いた金額が「経常利益」になります。

営業利益 ＋ 営業外収益 － 営業外費用 ＝ 経常利益

■経常利益が重視された理由

かつて、日本では利益と言えば「経常利益」を指しました。「経常」とは平常状態、つまり臨時的なことや特別な状況（例えば会社所有の土地の売却など）をはずした企業の普通の状態で発生した利益を計算しているので、比較には好都合です。

他のライバル会社と比較対比しようというときにも、業界の標準値と比較しようというときにも、あるいは自社の過去の数字と比較するときにも、特殊要因を除外した利益水準が経常利益ですから、わかりやすいのです。

特殊事情をはずした平常状態の企業の実力評価がされる――こうしたことから、経常利益は企業の評価には非常に重視されてきました。

ところが、会社の評価は経常利益ではなく最終利益（当期純利益）ではないのか、とか、営業だけの評価をしている営業利益の方が意味があるのではないか、などの意見が出てきて、現在は経常利益だけが経営分析上の重要利益ではなくなりました。

しかし、経常利益は平常状態の中での最終利益として大切なことに変化はなく、重要な企業評価の基準であることは間違いないところです。

■財務体質の良い会社の経常利益

経常利益までの過程を、実際の決算書で見てみましょう。

登場願うのは、少し前（21ページ）にも名前が挙がったタケダ（武田薬品工業株式会社）です。製薬の業界は、利益率の非常に高い業界として有名ですが、特にタケダの場合は、営業利益と経常利益の状況についても、注目して見て下さい（次ページ・図表9参照）。

一般的な製造業では、原価率が七五%、売上総利益率は二五%程度ですが、タケダの率はちょうど逆になったような感じです。さらに研究開発費などを含めた販売費及び一般管理費の金額を差し引いても営業利益率は約三三%もあります。

営業利益率は二桁（一〇%以上）あれば一流ですが、タケダの営業利益率は三〇%超、しかも経常利益の段階に進むと、なんと四〇%にも達するのです。売上総利益率が四〇%でもすごいのに、経常利益率が四〇%なのです!!

タケダの場合は、他社の有価証券を多く持っており、配当などの営業外収益が非常に多いのでこのような結果になっています。

一般的に、中小企業では銀行からの借入が大きい場合が多く、ほとんどの企業では営業外費用が営業外収益を上回っています。したがって、営業利益よりも経常利益の方が少なくなる傾向があります。タケダとは逆なのが普通です。

図表 9

武田薬品工業の損益計算書

（平成18年3月期　連結）

	億円	%
売上高	12,122	100.0
売上原価	2,821	
売上総利益	9,301	76.7
販売管理費	5,273	
営業利益	4,028	33.2
営業外収益	1,039	
営業外費用	213	
経常利益	4,854	40.0

7 特別損益と税引前当期純利益

■滅多にないことが、よく発生する？

経常利益というのは平常状態の利益ですので、臨時的、特別な状況に起因した儲けや損失は記入されません。

たとえば、会社が所有していた土地を売却したケースです。不動産業をやっているような会社は別にして、一般的な会社では土地を売るなどということは滅多にありません。土地を売ったことによって利益が発生するなら臨時的な利益です。

会社に発生する臨時的な利益は、土地売買以外にはないでしょうか？

たとえば、会社の役員さんに生命保険をかけたとしましょう。保険料を支払うのは会社で、保険金を受け取るのも会社です。会社はよくこうした保険契約を結びます。特に中小企業では盛んです。

役員に万一のことがあれば、退職金が必要になりますが、そのときに生命保険の保険金を受け取れば退職金をそれで払えるからです。こうした受取保険金も常にあることではないので臨時的な儲けです（死に起因することなので、儲けと言うのには抵抗がありますが）。

こうした臨時的な儲けのことを「特別利益」と総称します。土地などの「固定資産売却益」、「受取保険金」などがこれに該当します。

もちろん逆もあります。土地を売ったが損失の出る場合です。また、台風などの災害で損失の出る場合もあるでしょう。これらも臨時的なものです。臨時的な損失を「特別損失」と言います。具体的には「固定資産売却損」「災害損失」などです。

■税引前当期純利益の算出

損益計算書ももうすぐゴールです。経常利益に特別利益を加え、特別損失を差し引いた金額が「税引前当期純利益」となります。

経常利益 ＋ 特別利益 － 特別損失 ＝ 税引前当期純利益

ここでの利益は言葉の通り、「まだ、税金は差し引いていませんが、ほぼ最終的な利益」

ですよ」という意味になります。

税引前当期純利益をそのまま経営分析に使うケースはあまりありませんが、昔はこの金額が法人税の課税対象金額にほぼ一致していたこともあって、注目される利益でもありました。

8　利益と税金（税効果会計）

■利益にかかる税金

税金というものは、国や地方公共団体を運営していくのに絶対必要なものです。それはわかってはいることですが、実際に支払う段階になると損をした気分になるのも致し方ないところです。

「国などはもっとしっかり仕事をしてほしい」という会社側の声も聞こえます。しかし、一方で税金を納めていない会社も七割近くあるという現実は、どのように解釈したらよいのでしょうか。

それはともかく、会社が利益を出したときの税金は三種類あります。

法人税、住民税そして事業税です。このうち、法人税は国に対する税金、住民税は都道府県や市町村に対する税金です。また、事業税は都道府県に対して払いますが、会社が県等から受けている行政サービスの負担分という性格が、他の法人税や住民税と異なるところです。

こうした三つの税金を税引前当期純利益から差し引いた金額が「当期純利益」です。細かなことになりますが、「税引後当期純利益」ではなく、単に「当期純利益」です。

■税効果会計の存在

世の中、グローバル化が進んできています。三十－四十年前頃だったら、「あっ、外国人だ！」などと珍しがっていましたが、今そんな風にしていたら、街の中は珍しいものだらけになってしまいます。

会計の世界でも同じです。今や上場企業の株主の二〇％超は外国人株主。そうなってくると、「決算書の作り方は我が国の独特の方法で……」などとは言えなくなります。諸外国と同じような基準で決算書を作っていかなかったら、投資判断がしづらくなります。

日本の会計制度を世界の水準に——そうした面から新たに加わった制度が税効果会計という制度です。

昔、日本の会計というのは、法人税法の基準に従って作られていました。売上高や諸経費を法人税法の基準に従って計上してきたのです。

したがって、損益計算書の税引前当期純利益は、法人税の課税標準（課税対象額）とほぼ同じでした。だから、損益計算書の法人税、住民税、事業税の金額は、税引前当期純利益の四〇％程度などとしても、そう大きな狂いはなかったわけです。

しかし、このようにしてできあがった決算書は、日本独特の基準である法人税法に準拠したものなので、外国人にとっては信用がおけない、ということになります。

一時、アメリカにおいて日本企業の決算書に「この財務諸表は日本の会計基準で作成されており、また監査も日本の監査基準で行われている」というレジェンド（警告）文章がついたことは、日本の実業界にも大きなショックを与えました。

そうした観点から、会計の考え方も国際的に受け入れられる方向に変える必要が生じてきました。税法と決別し（と言ってもまったく無縁というわけではありませんが）、会計独自のやり方で決算書を作成しようということになったのです。

この典型が損益計算書の最後に現れています。「税効果会計」です。

■法人税等調整額

税効果というと、一見、税金を安くできるように思えますが、そうではありません。

税引前当期純利益から「法人税、住民税及び事業税」(以下、「法人税等」と省略する場合もあります) を差し引いた金額が当期純利益ですが、正確に言うと法人税等の下にもう一項目入るのです。

それが、「法人税等調整額」という項目です。

昔は、税引前当期純利益の四〇%程度が法人税等と言えましたが、それは損益計算書の作成が法人税の規定に従っていたからです。しかし、国際的な会計の基準のもとにあっては、税法の規定とは別に会計の規定が作られます。

たとえば、税法では売掛金などが貸し倒れになる基準は厳しく、簡単には貸し倒れとして認めてはくれません。

一方の会計は、逆に貸し倒れの危険性のあるものに対しては貸し倒れ (または貸倒引当金の積み増し) として計上することを要求してきます。

図表 10

税効果会計で変わった税金の処理

…		…
税引前当期純利益		1,000
法人税、住民税及び事業税	500	
法人税等調整額	−100	400
当期純利益		600

その結果、税法の課税標準額と損益計算書の税引前当期純利益には差が生じてくるのです。

損益計算書に示されている法人税等の金額は、実際に一年で負担すべき税額ですが、税引前当期純利益までで計算されてきた利益は、会計の原則に則《のっと》ってきたものです。

つまり、税引前当期純利益までは会計の世界だったものが、法人税等で急に税法の世界に引きずり込まれるのです。

実際に会計の利益が負担すべき税金はいくらだったのだろう、これを調整計算しようというのが法人税等調整額です。

9 損益計算書の全体像

では、損益計算書をまとめる意味で、実際の損益計算書(要旨)を次ページに記載してみましょう。

味の素株式会社の損益計算書(平成十八年三月期)です。

ポイントとなる五つの利益(売上総利益、営業利益、経常利益、税引前当期純利益、当期純利益)の状況など、確認してみて下さい。

なお、連結会計(後述)では、税引前当期純利益のことを「税金等調整前当期純利益」と言います(図表11参照)。

図表 11

5つの利益をチェックしてみよう

味の素株式会社

連結損益計算書（要旨）　単位　億円

科目	2006年3月期 (第128期) 2005年4月 1 日から 2006年3月31日まで
売上高	11,068
売上原価	7,950
売上総利益	**3,117**
販売費及び一般管理費	2,514
営業利益	**603**
営業外収益	100
営業外費用	89
経常利益	**614**
特別利益	69
特別損失	112
税金等調整前当期純利益	**571**
法人税、住民税及び事業税	158
法人税等調整額	35
少数株主利益	29
当期純利益	**349**

というのは、たとえば売上高の場合、親会社から子会社への売上などもあるからです。ある1年間で親会社が子会社に3000万円売り上げ、子会社がその商品を4000万円で売った場合、連結売上高は単純合計の7000万円ではありません。子会社が外部に売った4000万円だけが連結売上高になります。

このように、連結決算では、親子間の取引は、あたかも同一会社の本支店間取引のように扱うのです。連結では単純合計の数値から、こうした内部取引を控除して決算書を作成します。

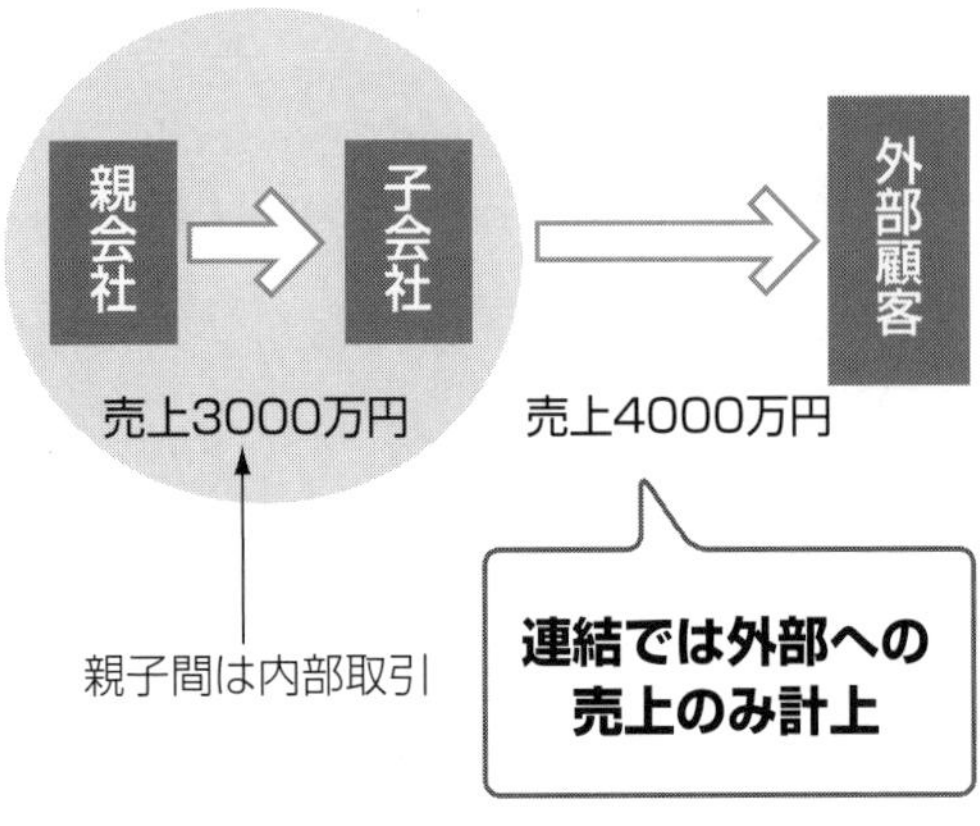

【連結決算と単独決算】

決算書には、連結決算と単独（個別）決算があります。

たとえば、日本の企業としては最大手の一つである日立製作所の場合、日立製作所を親会社として、日立電線、日立化成、日立金属をはじめ、1000社を超える巨大グループを形成しています。

日本の会計では、1900年代までは単独決算を中心にして、企業グループ全体を一つの会社に見立てて決算をする連結決算は参考程度の資料でした。しかし、単独決算では、その企業の本当の力を知ることができない場合が多いのです。

実際、親会社が赤字部分を子会社に押しつけ、親会社だけは良い数字を出しているケースも多々ありました。そこで、親会社と子会社を一緒にして、グループの真の実力を見極めようとしたのが、連結決算です。

連結決算では、たとえ親会社がその威光をかさに、子会社に赤字を押しつけたとしても、全体での利益は変わりませんから、実態がわかるわけです。

連結決算は、親会社、子会社の数値を単に加えたものではありません。

第2章

財産と借金の
状況を示すのが
「貸借対照表」

I 財産の種類にはどんなものがあるか

1 貸借対照表というもの

■「でっかいこと」は良いこと？

ある大手の会社に研修会の講師として行ったときのことです。

「ウチは業界だけでなく、日本全体でも資産規模の大きい会社。そういう会社にいると、社員として誇りもあるし、安心です」

雑談をしているときに、こんな発言をある管理職社員がしていました。

雑談という気安さから出た言葉でしょうが、私はその言葉を聞いて「この会社、大丈夫かな？」と思いました。

規模が大きい会社というのは対応力もあり、安心感のあることは確かでしょう。

しかし、現代の経済状況の中で、「大きいことは良いことだ」とばかりは言っていられないことも多いのです。

企業が大きいということは、それだけ株主から期待されているものも大きいということです。また、財産が多いかわりに借金も多いということもあるでしょう。

借金が大きいということは、返済にも気を使わなくてはなりませんし、利息の負担にも耐えなくてはいけません。よほど頑張らないと、良い評価は与えられないのです。

企業の図体が大きければ、乗っ取られにくいという側面もあるでしょうが、図体の大きいことだけで企業の良否判定が行われるものではないことは確かなようです。ですから、財産が多くある会社が良い会社という考え方は、まず捨てた方がよいようです。

■決算日の財産と借金の一覧表

損益計算書は一年間の儲けの状況を知るための決算書でしたが、この章で説明する「貸借対照表」（〝たいしゃくたいしょうひょう〟と読みます）は、決算日現在の財産と借金が一覧表になっているものです。

決算日現在、その会社にどのような財産がいくらあり、また借金がいくらあるか、それを一覧表にしたものが貸借対照表というわけです。

その財産のことを、会計の世界では「資産」と呼んでいます。資産にもいろいろなものがありますが、当面は現金預金、売掛金、商品、建物、土地などをイメージしてもらえばよいと思います。

こうした資産を購入するためには、自分のお金を使うか、銀行などから借りるかする必要があります。

このうち、銀行からの借入金や、仕入先にまだ支払っていない買掛金のような借金のことを「負債」と言います。

会社が資産を購入するときは、自分の資金で購入することもあるでしょう。この場合の自分の資金というのは、株主が企業に投入した資本金や会社自体が稼ぎ出した利益のことを言います。そして、これらは総称して「純資産」と呼ばれています。

ですから、貸借対照表は決算日現在の資産、負債そして純資産の状況を一覧表にしてあるものと言うことができます。

そしてまた、

図表 12

貸借対照表の構成要素

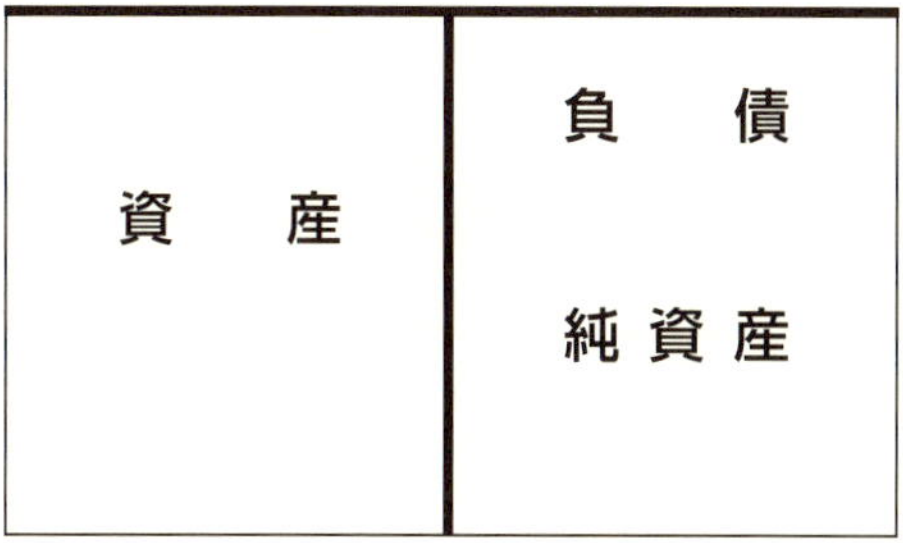

資産＝負債＋純資産

という等式が成り立ちます。

貸借対照表は左側に資産、右側に負債＋純資産が書かれ、左側と右側がイコールになるので、「バランスシート」と呼ばれています。

Ⅱ 流動資産と固定資産

1 資産にはどんなものがあるか

■資産と財産は違うの?

言葉の定義というのは難しいものです。

「資産ってなに?」

と聞かれて、どれだけ多くの会計人が正確に答えられるでしょうか。

私自身も少々危ないようです。

しかし、現金や預金が財産であることは誰でも認めます。また、土地や建物も財産であることに反対する人はいないでしょう。

資産は、一般常識で言うところの財産とほぼ同じです。財産以外にも資産のグループに入れるべきものはあるのですが、当面、「資産＝財産」と考えてよいと思います。

人間も資産ですが（中には不良資産も）、貨幣で評価できないので、決算書に記載されていません。評価できるものだけを会計の対象にする――当たり前のようにも聞こえますが、これが会計を支える大前提の一つです。

■ワン・イヤー・ルールで区分

貸借対照表の左側の資産は、大きく二つに分かれます。「流動資産」と「固定資産」です。

この区分は、ワン・イヤー・ルールで行われます。

流動資産……一年以内に現金化できる財産

固定資産……一年超、保有予定の財産

資産をこのように流動と固定に分ける意味は、企業が投下した資金が短期間で運用されているのか（流動資産）、あるいは長期間にわたって固定的に投下されているのか（固定資

図表 13

資産は2つに分けられる

産）、そのバランスを見るためです。

資産は、お金がどのように運用されているかを示していると言うこともできます。その企業が短期的投資を中心とした資産構成なのか、建物や機械など固定資産を中心とした資産構成なのかによって企業の見方は違ってきます。

日本の上場企業のだいたいの姿を言いますと、流動資産と固定資産の割合は、流動資産一に対して固定資産一・四くらいの割合になっています。ちょっとだけ固定資産の方が多いと言えそうです。

以下、資産の主要部分から考えていくことにしましょう。

2　売掛金と受取手形

■流動資産の中心科目は？

経費にも種類がたくさんあったように、資産の種類も数多くあります。

流動資産のうち、金額的に大きくなる項目としては、現金、預金（貸借対照表上は一緒にして「現金及び預金」として取り扱われます）、受取手形、売掛金、商品（製品、原材料等の棚卸資産）です。

現金及び預金はあまり解説の必要はないでしょうが、決算日に保有する通貨、金融機関に預けてある預金などです。他人が振り出して決算日現在に持っている小切手なども現金と同様に扱います。

現金預金をたくさん持っていれば支払能力があり、安心できる存在ですが、一方で利益を生み出さないので（無視してもいいような受取利息はありますが）、企業の収益性という面からはちょっと問題でもあります。

そこで、企業規模や業種特性に応じた現金預金の保有レベルを維持することが求められます。

たとえば、月間売上程度の現金預金を保有することです。ただ、現実問題としては、業績の良い企業は資金も潤沢になっている傾向にはあるようです。

■受取手形や売掛金は受取勘定と総称

消費者との取引を別にすれば、世の中の多くの商売では売り上げたときに現金は入って

図表14

流動資産の中心科目

きません。一月に何回か取引があっても、支払はまとめて翌月末に、などというパターンが多くなっています。

販売した方からすると、売上代金をお客様に貸していることになります。貸し付けて、まだ回収されていない金額が「売《うり》掛《かけ》金《きん》」です。売掛金は得意先への営業上の貸付金です。

売掛金はまさに信用上のものですが、それをもう少し具体的な証書に変えたのが「受取手形」です。受取手形は、「いついつまでにいくら払います」という支払条件を明確にした証書です。約束手形や為替手形がありますが、その代金を受け取る権利のある会社が「受取手形」で処理します。

約束を破って、手形が決済ができない（不渡り）となると、信用上大きなマイナスになります。そこで、支払義務のある会社はできる限り支払うように心がけますから、代金回収の確率は高まります。

受取手形や売掛金は、販売に際して得意先に信用を供与していることになりますので、信用投資と言われます。また、受取手形や売掛金をまとめて受取勘定（あるいは売上債権）などと言います。

■売上債権は多いほどよい？

受取手形や売掛金などの売上債権は多い方がよいのでしょうか、それとも少ない方がよいのでしょうか。

通常の商売で考えれば、売上債権が多いということはそれだけ多く売り上げた結果であり、良いことになります。

しかし、一方で売上債権が多いということは、相手企業が倒産したりして貸し倒れになる危険性もあります。そうでなくとも、現金が手元にないのですから、何かを買おうと思ってもできないことも考えられます。そうした面から考えれば、売上債権は少ない方がよいと言えます。

この売上債権ですが、いったいどう考えたらよいのでしょうか?

売上高との関連で考えてみましょう。

つまり、売上規模に対して売上債権が多いか少ないかに注目するのです。この割合を見るのが、「受取勘定回転率」です。年間売上高を売上債権で割って求めます。

受取勘定回転率

$$= \frac{売上高\ 100}{売上債権\ 20}$$

= ５回転

年間売上高が一〇〇で、貸借対照表の売上債権が二〇であれば、受取勘定回転率は年間五回転ということになります。

この割合は、業種によって相当違います。もちろん、小売店や現金問屋では、基本的に売上債権はないか、あっても少額ですから、受取勘定回転率が非常に高くなります。そうした業種では、あまり意味を持たないでしょう。

逆に、ものすごく低い業種や会社もあるわけですが、平均すると年間五回転ぐらいです。一年三六五日で五回転ということは、売ってから回収されるまでに七十日前後かかっていることになります。

3 流動資産の最大派閥は棚卸資産

■どんなものが棚卸資産か？

貸借対照表の流動資産の中で、金額的に非常に多くの割合を占めるのが、「棚卸資産」です。棚卸資産というのは、商品、製品、原材料などのように、販売や生産のために使う資産で、物理的にどのくらい使ったかを把握できるものを言います。

卸売業や小売業では棚卸資産と言えば商品がほとんどですから、棚卸資産＝商品というように考えられています。

これに対して、製造業では製品、原材料、仕掛品《しかかりひん》などを総称して棚卸資産と言っています。

製品や原材料については説明するまでもないでしょうが、仕掛品というのは、まだ完成品になっていない製造途中のものを言います。

図表 15

流動資産中、最大派閥は棚卸資産

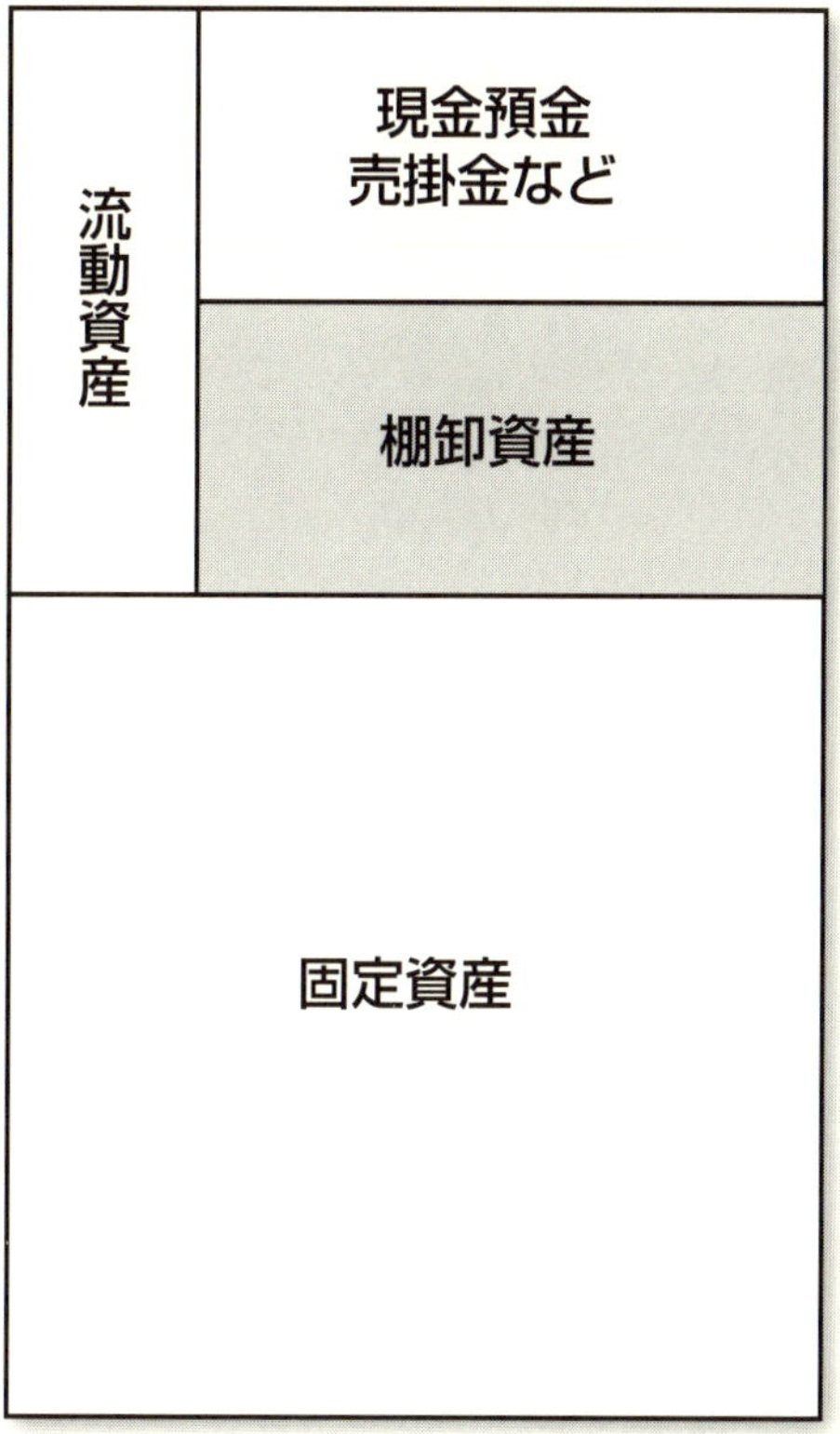

以上のような棚卸資産は商売の上では最重要資産です。

もっとも、サービス業では、棚卸資産は関係ないということも多いでしょうが、製造業や物品販売業にとっては棚卸資産の管理が非常に重要です。

■在庫のコントロール

ここでは棚卸資産の代表選手である商品を使って、棚卸資産の重要性を考えてみましょう。

棚卸資産のことを、俗称では在庫と言っています。

商売をするにあたって、在庫は多い方が売りやすいわけです。

「ウチではお客様の欲しいと言われる商品は何でもあります」という商売であれば、お客様にとっては非常に便利です。

しかし、これでは仕入れの資金がいくらあっても足りません。また、多くの商品を用意してあれば、中には、なかなか売れないものもあり、腐ったり、流行遅れになったりするものもあるでしょう。

そこで、どの程度商品を用意しておくか、そのコントロールが非常に重要になります。

実際の企業経営では、どの製品をどのくらい製造し販売していくかなど、個々の商品についての意思決定が重要ですが、決算書の世界では在庫全体のコントロールが大切になります。

売上高の割に在庫が多すぎないか、逆に在庫を絞りすぎたために、売り逃しを発生させてはいないかなどのチェックが必要なのです。

■在庫が多すぎると、なぜダメなのか？

在庫が多いということは、商売の点では良いように思えます。お客様の要望には即座に応えやすいですし、商品力のある会社という評価も与えられるかもしれません。

このように、メリットもあるのですが、問題も多くあります。

ここで、在庫が多い場合の問題点を整理してみましょう。

①商品の市場価値の低下

モノがあふれ、個性の多様化が進んだ今日、商品寿命が非常に短くなりました。つい先日までの大ヒット商品が見向きもされなくなる、などという現象がよく起きています。

在庫を多く抱えていると、流行の変化や嗜好の変化によって大きな損害を受けやすいの

図表 16　在庫が多すぎると……

です。技術革新の大きな分野などでは、新製品が旧製品になってしまう時間の速いこと、そのスピードは我々人間の〝旧型化(?)〟以上のスピードです。

また、商品を大量に抱えていれば、劣化や品傷みなども起こりやすいでしょうから、ここでも損失が発生しやすくなります。

②在庫管理コストの増大

大量に在庫しておくには、当然広いスペースが必要です。従って賃借料等が必要になります。温度コントロールの必要な商品であれば光熱費もよけいにかかることになります。

また、物理的な管理コストばかりでなく、人が管理をする必要もありますから、人件費も増大します。

③資金が寝てしまう

研修会などで「在庫の問題点」という質問をしたとき、資金との関連を答える人は意外と少ないものです。商品在庫が多いということは、それだけ資金が使われずに寝かしてあることになります。企業にとっては、資金が不足するというのが普通ですから、足りない資金は銀行等から借りることになります。そうすれば当然、金利がかかります。

在庫は目減りするお金なのです。商店などで商品が並んでいるのを見るたびに、「お金が並んでいるのだ」と考えると、この問題は無視できなくなるでしょう。

4　固定資産とその種類

■固定資産の分類

流動資産が一年以内に現金化できる資産であるのに対し、固定資産の方は一年を超えて保有する資産と定義されます。

では、固定資産にはどのようなものがあるのでしょうか?

すぐに頭に浮かぶのが、土地や建物のような不動産です。実際の貸借対照表でも、土地や建物が固定資産のかなりの部分を占める決算書が多くなっています。

また、機械や車両、器具備品などもその仲間です。こうして頭に浮かぶ固定資産は形の見えるものなので「有形固定資産」と言います。

固定資産には、形のないものもあります。「無形固定資産」と言われるものです。ソフトウエア、営業権などが該当します。そのほかに法律上の諸権利もあります。特許権、商標権などです。

固定資産のグループには、その他に「投資その他の資産」と呼ばれるグループがあります。具体的には、子会社株式、投資有価証券、長期貸付金などです。

投資有価証券の代表格は、長期間保有する株式でしょう。同じ株式を保有するのでも、短期間での転売目的で保有するものは流動資産の有価証券でしたが、長期間保有するものは投資有価証券として固定資産に登録されるのです。

敵対的買収を避ける意味で、安定した株主を確保するために会社同士が株式を持ち合う持ち合い株なども投資有価証券の典型例です。

図表 17

固定資産の分類

固定資産	有形固定資産	土地 建物 機械 車両運搬具 器具備品
	無形固定資産	ソフトウエア 営業権
	投資その他の資産	子会社株式 投資有価証券 長期貸付金

以上のように、固定資産は三つの種類に分けられます。

①有形固定資産……土地、建物、機械など
②無形固定資産……ソフトウエア、営業権など
③投資その他の資産……子会社株式、投資有価証券、長期貸付金など

■帝国ホテルの土地は二〇〇〇万円？

帝国ホテルの決算書の明細を見ていて驚きました。なんと、東京有楽町のあのホテルの土地（所有分）は一万一〇〇〇㎡でたった二〇〇〇万円なのです。それなら、その金額の二倍でも三倍でも出して買ってみたくなります。でも残念ながら、それは不可能でしょう。

決算書の貸借対照表に書いてある金額には注意が必要です。とりわけ土地の金額は「時価」とはかけ離れている場合が多いのです。

貸借対照表に記入される金額は、これまでは取得原価主義といって、購入時の金額が記入されてきました。取得原価主義は、購入時の金額をそのまま記入するので、非常に客観的です。不正も起きにくいので、長い間採用されてきました。今でも、土地の多くは取得原価が記されています。したがって、帝国ホテルの土地の金額も大昔に購入した際の取得

原価というだけの話でしょう。

このように、土地は、購入金額を貸借対照表に計上するのが普通です。

ところが、平成の時代になってバブルがはじけると問題が発生してきました。それまでの日本経済は右肩上がりでしたから、土地の値段や株価などは下がることを知らなかったのです。

しかし、最高約四万円に近かった日経平均株価が、あれよあれよという間に八〇〇〇円を切り、五分の一にまで落ち込んでしまいました。

こうなると、決算書を見て「あの会社は有価証券などもたくさん持っているので大丈夫」という評価はできません。これでは決算書が役に立たないことになります。

そこで、取得原価主義から、時価を取り入れた会計への変化が求められるようになりました。現在では、株式などの有価証券については、ほとんどが時価を記入することになっています。

ただ、子会社など関係会社の株式については、転売目的ではないこと、あるいは時価については連結会計に反映されることから、取得原価で記載することになっています。

5 固定資産と減価償却

■誰が金額を決めるか?

車は使っていくと価値が減っていきます。使わなくとも、時間の経過とともに価値は減っていきます。

建物や機械、車両などの固定資産の価値減少分を「減価償却費」と言います。減価償却費も販売費及び一般管理費の一つです(工場などの減価償却費は製造原価)。

ところで、こうした車などの減価償却費の計上はどのようにするのでしょうか。

もしも、減価償却費の計上金額を自由に任せていたら、大混乱に陥るかもしれません。利益が出すぎて、税金を払うのがいやな企業は、できるだけ多くの減価償却費を計上し、利益を圧縮しようと考えるでしょう。

逆に、利益が少ない企業は減価償却費を少なく計上し、利益を増やそうと考えるかもしれません。

これでは、決算書を信用できなくなります。

そこで、財務省で、定額法、定率法など減価償却の計算方法を決めているのです。

■減価償却はお金が出ていかない費用

普通、経費というのはお金の支出を伴います。給料にしたって、広告費にしたって、賃借料だって、みんなお金が出ていきます。

お金が出ていかなくても費用と認められ、支払う税金が少なくなるなら、こんなに幸せなことはありません。

でも、あるのです。減価償却費がそれです。

減価償却費は、それをいくら計上してもお金が出ていくわけではありません。減価償却費を多く計上したので督促状が来たなどという話は聞いたことがありません。そうした意味で減価償却費は他とは異なる性格の経費なのです。

しかし、本当は違うのです。少々回りくどい展開になりました（イエローカードです）。

車の減価償却費を考えてみましょう。

減価償却費は、車を購入したから発生したのです。車を購入したときに、現金で支払いをしていたとしても、購入金額が全額経費として認められるのではなく、あとから何年かにわたって認められているだけです。

つまり、現金を支出したタイミングと経費として認められるタイミングがずれているだけの話で、税務署が好意的に経費を認めてくれているわけではないのです。それほど甘い話ではなさそうです。

【繰延税金資産というもの】

大企業の決算書では、繰延税金資産という項目をよく見ます。一見、税金の支払の繰延かと思うのですが、そうではなく、損益計算書でもご説明した税効果会計（p.57）の結果、貸借対照表に現れてくる勘定科目です。

たとえば、一時保有目的で上場企業株式を保有していたところ、期待に反して株価が下落してしまったときのことを考えてみましょう。

会計の方は時価主義が基本ですから、損益計算書に有価証券評価損が計上され、その分利益は減ります。しかし、税金計算では、その有価証券評価損の分が損金として認められないのが普通です（一部のケースを除く）。損失を計上しても、税金は減らないのです。

税金が減るのは、実際に売却損が確定したときです。考えようによっては、今期に支払う税金は、将来損失が確定したときに減るであろう税金を仮払いしてあるようなものです。この前払い（あるいは仮払い）的な税金が、繰延税金資産です。

なお、逆のケースでは「繰延税金負債」が発生することになります。

Ⅲ 負債とその種類

1 流動負債というもの

■負債は多いほどよいか?

私は研修中に「資産は多いほどよいでしょうか?」という質問を投げかけます。多くの人にとって、講師がそうした質問をするには何かあるな、と思うらしく「資産は多ければ多いほどよい」に賛成するのは少数派です。もちろん、単純に資産が多いのが良い会社とは言えません。

では、質問を「負債は多ければ多いほどよいか?」としてみたらどうでしょうか。

実は、私は三十年間やっている研修講師生活の中で、この質問を使ったことがありません。当然、その答えに「○」を出す人はいないでしょう。

負債は少ない方がよい、誰しもそう思うし、ましてや「多ければ多いほどよい」などと言う人はいないでしょう。

しかし、負債は「悪」ではありません。企業を発展させていくために、他人の資本を活用していくことが必要であり、その企業を信用して貸してくれる資金を利用しない手はないからです。

貸借対照表の右側は「負債」と「純資産」（かつては資本といった）です。この右側は、企業が資金をどのように集めているかを示しています。

銀行から借りたり、仕入先から借りたり、投資家に投資してもらったり、その内訳を示しているのが貸借対照表の右側なのです。すなわち、貸借対照表の右側は資金の調達方法を示しているのです。

そしてその中で、返済の必要なものが負債であり、それ以外が純資産なのです。

■流動負債と固定負債の区分

資産が流動資産と固定資産に区分されたように、負債も「流動負債」と「固定負債」に区分されます。

流動負債……一年以内に返済すべき借金
固定負債……一年超で返済する借金

具体的にどのようなものが流動負債や固定負債になるかを考えてみましょう。こちらは資産、つまり流動資産や固定資産の区分からすると、非常に単純です。

まず、流動負債ですが、この中心になるものは二つ。一つは商品を仕入れたときに仕入先にまだ支払っていない代金、すなわち買掛金や支払手形です。

商品などを仕入れたとき、その場で現金で支払うこともありますが、多くのケースでは後払いになります。まだ支払っていない代金が買掛金《かいかけきん》です。そして、そのときに、将来このような条件で支払いますと手形という証書を渡したときに支払手形という勘定科目で整理します。

手形には、約束手形と為替手形がありますが、いずれにせよ、手形代金を支払う義務のある企業が支払手形という勘定で整理します。前にも述べた通り、手形が支払不能（不渡り）になると、その企業の信用はがた落ちになります。したがって、支払義務のある企業

図表 18

貸借対照表の右側・左側　その違いは？

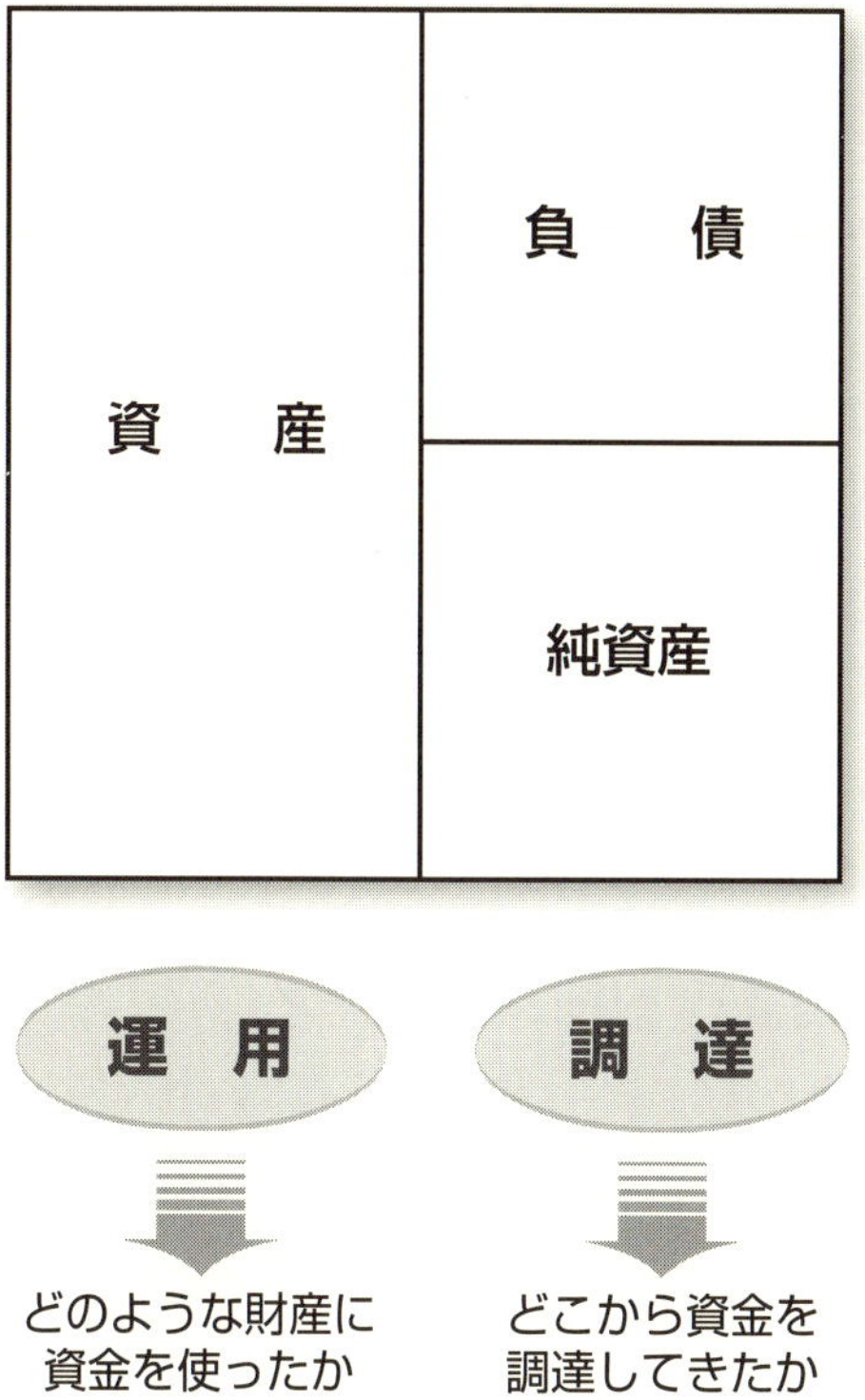

は不渡りを避けようとするのが当然の行動です。つまり、受け取る側からすると、回収の確実度が増している債権といえます。

支払手形と買掛金をまとめて仕入債務と言うこともあります。

■もう一つは短期借入金

仕入債務以外で、流動負債の中心的存在になるもう一つの項目が短期借入金です。短期借入金は銀行等から返済期間一年以内の約束で借り入れた金額です。

企業は資金繰りの点から言えば、銀行から長期で借りればよいのですが、一般的にいって借入金の利息は長期の方が高いので、短期で借りた方が有利になります。

このように、流動負債の中心は仕入債務（支払手形と買掛金）と短期借入金ですが、その他に未払金や未払税金などもあります。

未払金は、商品の仕入れ以外で、代金をまだ支払っていない場合に発生します。たとえば、文房具を購入したが、まだ代金を支払っていない場合などです。

2　固定負債の内容

■長期借入金が中心

固定負債はあまり種類がありません。特に、中小企業では固定負債というと長期借入金を意味する場合が多くなっています。

設備投資をするときなど、企業は資金を長期間借りようとします。一年超にわたって返済する予定の借入金、それが「長期借入金」です。

そこで疑問が生じます。一年以内というのはいつから一年以内かということです。

決算書で流動資産・固定資産、あるいは流動負債・固定負債の流動・固定の区分は決算日を基準とします。負債で言えば、決算日の翌日から一年以内に支払う予定のものが流動負債であり、一年を超えて返済していけばよいものが、固定負債です。

長期借入金の中には毎月返済する条件で借りるものもあります。それでは、長期借入金の返済予定金額のうち、決算日以降、一年以内に返済する部分は流動負債でしょうか、それとも、もともと長期借入金なのですから固定負債でしょうか？

これは流動負債に計上します。流動負債の一つとして「一年以内返済予定の長期借入金」などという勘定科目で表すのです。上場企業等の大会社はそのように処理していますが、中小企業の場合は、一括して長期借入金としておく便法もよく使われています。

■大企業では社債発行も盛ん

長期の資金を調達するときに、銀行から資金を借りるのではなく、社債を発行して投資家から資金を調達することもよく行われます。

このとき会社は、「社債」という勘定科目を使って整理します。社債は投資家からお金を借り入れている証書のようなものです。借入金と同様、負債なのです。

社債にも二種類あります。

①普通社債

一般的な社債で、利率、返済予定などが決められている。

②新株予約権付社債（転換社債）

一定の条件で株式への転換が認められている社債。株価が上昇すれば、株式に転換した方が投資家としては有利。

従来、日本の企業は、資金が必要になると銀行から資金を借りて経営してきました。しかし、一時銀行が頼りなかったこと、あるいは企業自らが投資家から資金を調達した方が有利な条件で借りられるなどということもあって、社債発行も盛んに行われるようになりました。

企業が銀行等の金融機関からお金を借りる方法を「間接金融」と言うのに対して、社債（あるいは増資）のような資金調達方法を「直接金融」と言います（次ページ・図表19参照）。

投資家（家計）の立場からすると、お金を銀行に預け、銀行が投資先の企業を決めるから間接金融であり、投資家自らが直接その企業に投資するから直接金融となるわけです。

3　流動と固定のバランス

■土地を買うときには……

借金の返済期日が一年以内ということは、それだけの資金を短期間に返済しなければな

図表 19

直接金融と間接金融

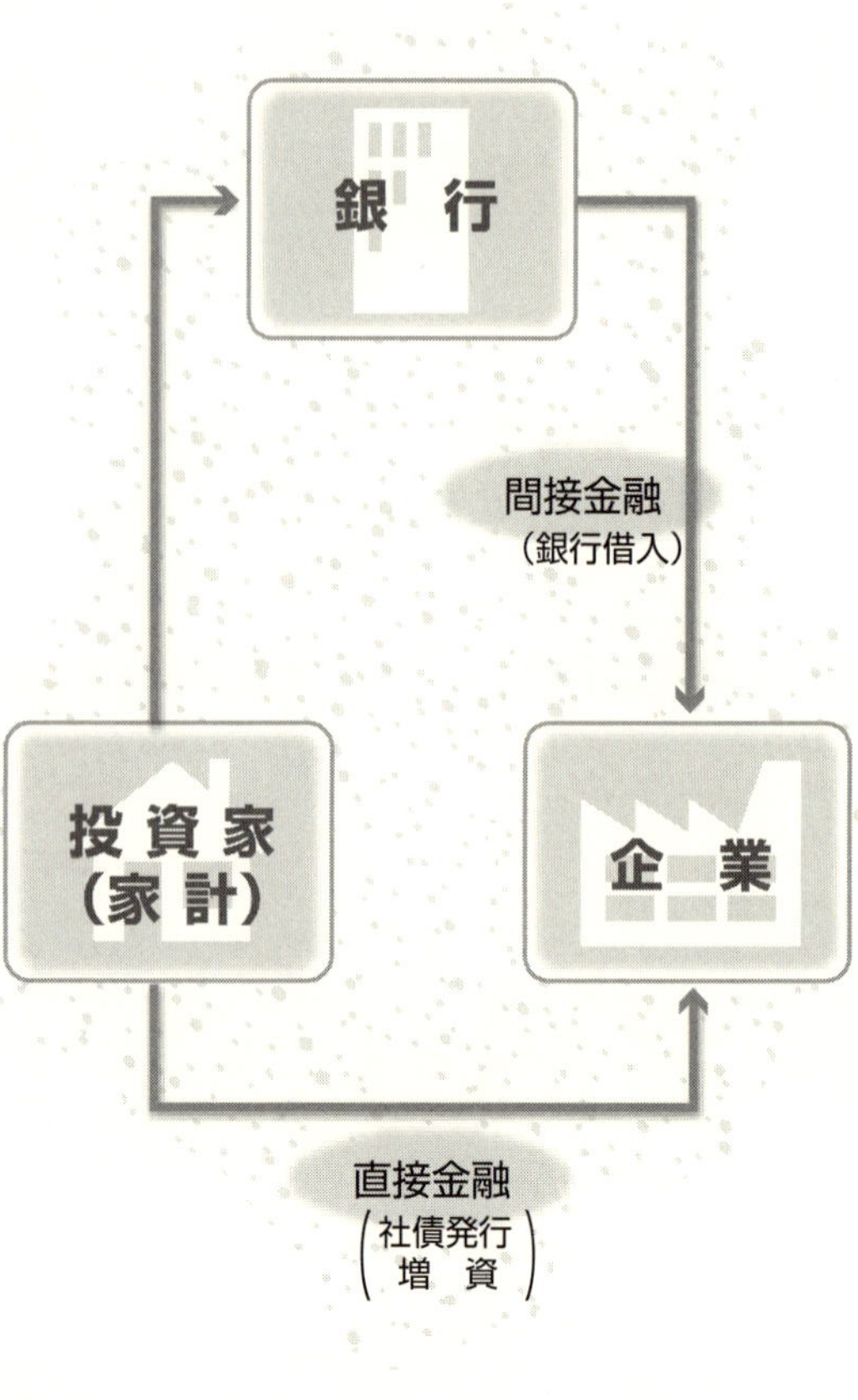

りません。

極端な話ですが、土地を買うのに銀行から短期借入金で借りたらどうなるでしょうか？購入した土地を活用して利益を上げていくとしても、一年間で土地代金に匹敵する利益を出すことはまず無理でしょう。返済が一年以内とするなら、すぐに会社の資金繰りは行き詰まってしまいます。

そのように考えると、固定資産の購入をするのに短期借入金のような流動負債で購入するのには無理があります。資金の使い道と資金の購入手段との間にはバランスが必要なのです。

■流動負債に対応する流動資産があるか

貸借対照表の資産、負債がそれぞれ流動・固定に区分されているのは、そのバランスを見るためです。

流動負債は一年以内に支払うべき借金ですから、この金額に対して一年以内に現金化できる流動資産が少ないことは危険な兆候と言えます。

流動負債 ＞ 流動資産の会社は、アブナイ会社というわけです。

もっとも、流動負債が流動資産よりも大きな会社はたくさんあります。東京電力、関西電力のような電力会社は流動負債の方が極端に大きいですし、東京ガスや大阪ガスなどのようなガス会社も流動負債の方が大きいのです。さらに三越や伊勢丹などの百貨店でも流動負債の方が大きくなっています。

こうした企業がアブナイ会社かというと、そうでもないようです。

業界の特殊性もあるのですが、流動負債は全額を次の支払日に支払わなくてはいけないかというと、それは違います。大抵の場合、次の支払日に支払うのは流動負債総額のうち、三分の一から五分の一程度です。この金額さえあれば、会社の経営は継続できます。ですから、流動負債の方が多いからといって、倒産の危機に瀕しているということではありません。

■それでも流動資産が大きい方が……

では、流動資産と流動負債の比較は意味がないのでしょうか?

これもまた違います。確かに予定通り資金が確保できれば会社は継続できるでしょうが、万一、貸し倒れが発生したり、予定していた売上が上がらなかったりすると、事態は

図表 20

流動負債と流動資産のバランス

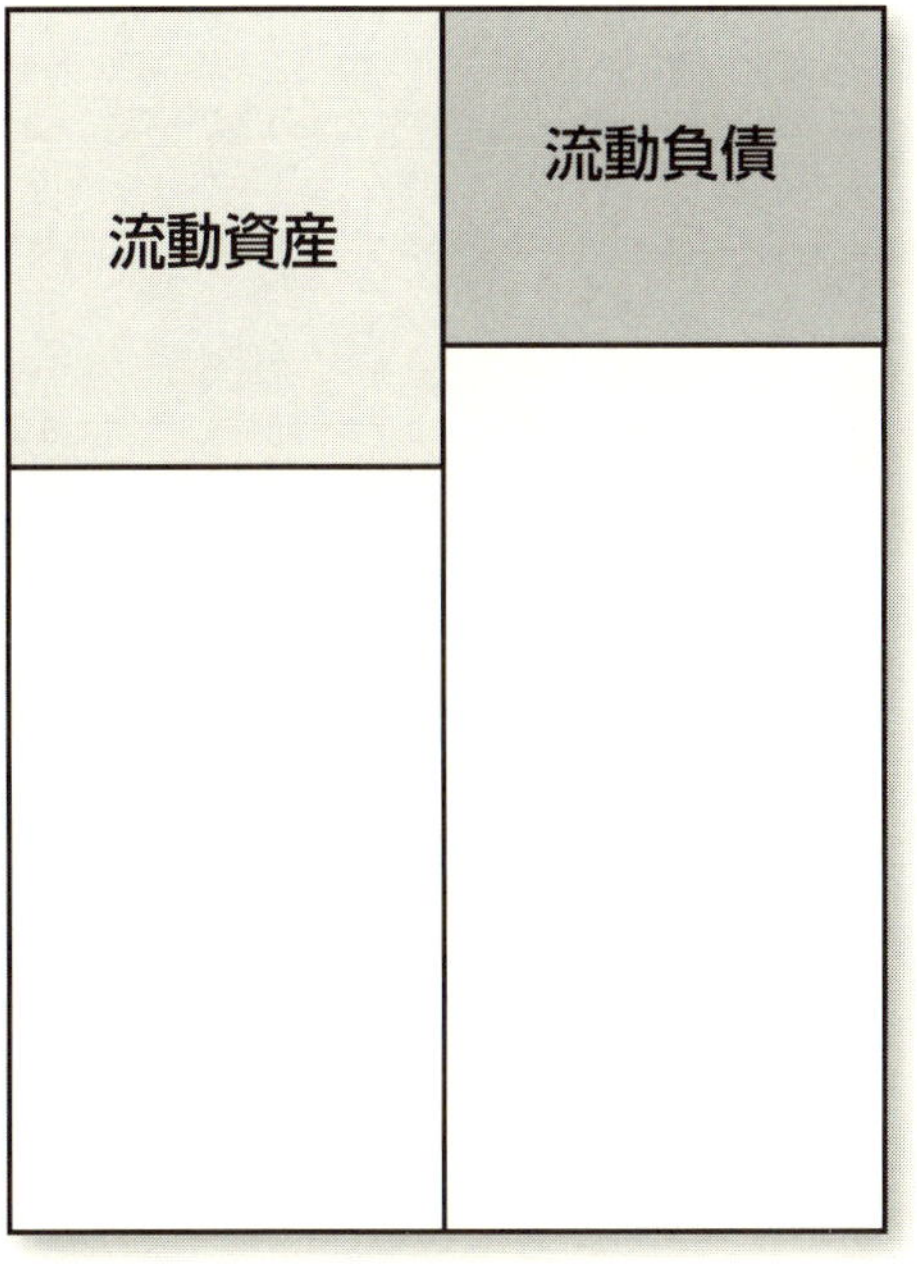

流動負債よりも流動資産が多ければ
安全性があることは確か

一変します。

流動負債よりも流動資産の少ない企業では、資金が不足して支払不能となる危険性は高いでしょう。ですから安全性という面からすると、やはり流動資産が大きい会社の方がよいということになるでしょう。

また、会社は利益が大きく出てくると現金預金や有価証券が大きくなり、流動資産の金額が増大する傾向にあります。流動資産が流動負債の二倍近くになることもあります。こうした会社は、収益性が十分あった結果として、流動資産の方が多いという現象になっているのです。

一般的に、企業は無駄な資産は持つべきでないとされています。流動資産であっても無駄に持つべきではありません。回収されていない売上債権が多かったり、売れそうもない商品在庫が多くて流動資産が多いということであれば、ほめられるわけはありません。

現金預金だって、無駄に持っていることは、資金の有効活用という面で問題があると言わねばならないでしょう。しかし、収益力の高い会社では、現金預金が多くなる傾向にあるのも事実で、そうした企業を問題企業というのもはばかられるところです。

【引当金の意味】

決算書を見ていると、引当金《ひきあてきん》という文字をよく見かけます。引当金は「その期に負担すべき金額」の見積額と考えるとわかりやすいと思います。

たとえば、賞与引当金。これは、その期に負担すべき賞与の見積額です。たとえば、3月決算の会社で、6月に支払う予定の賞与が1～6月に対応するものだとすれば、半分は今の決算期で負担すべき金額のはずです。

この金額を見積もって、未払賞与と同じような感覚で負債の部に計上するのが賞与引当金です。もっとも、引当金といっても、どこかの銀行に預けてあるというものではありません。あくまでも、負債などの見積額という意味でしかありません。

賞与引当金のほか、貸倒引当金、退職給付引当金などが引当金の代表例です。退職給付引当金は固定負債ですが、貸倒引当金は売上債権などの貸し倒れの見積額として、資産の部にマイナス表示されます。

Ⅳ 純資産（資本）の部の内容

1 大きく変化した純資産の部

■抵抗感のある新しい呼称

どんな分野でも世の中の流れにしたがって、変化は起きるものです。

二十世紀の頃までは、会計の世界の変化は非常にゆっくりとしたものでした。極端な話ですが、会計士試験に合格すれば、そのあとあまり勉強しなくとも、資格を取った頃の知識で結構生きていけました（ただし、これは不勉強な私の個人的感想であり、多くの勤勉な会計士の意見を代表するものではありません）。

しかし、二十一世紀になると様相は一変しました。むしろ、世の中の変化以上に会計の世界は大きく変化したと言えます。不勉強であった会計士でさえ、勉強せざるを得なくなりました（私のことです）。

そうした中でも、会社法の施行と時期を同じくして、貸借対照表の「資本の部」を「純資産の部」と呼ぶようになったことは、非常に抵抗感が大きいものでした。

『貸借対照表の左側には資産が書かれ、右側には負債と資本が書かれる』

こうした説明に長い間慣れっこになった者にとって、資本を純資産と呼ぶのには違和感があったのです。

■資産－負債＝純資産

では、このような変更がなぜ必要だったのでしょうか。

資本から純資産への変更は単なる呼称の問題ではありません。内容も変化しました。

基本的な考え方として、今までの資本の部は株主資本、あるいは自己資本とも呼ばれ、資本の部＝株主資本でした。

ところが、新しい純資産の部では、その中に「株主資本」があり、それ以外の評価差額金、少数株主持分（連結貸借対照表のみ）なども構成要素になっているのです。

要は、資産から負債を差し引いた金額が純資産というイメージです。

図表21　純資産理解のポイントは2つ

理解するのがこれだけなら
ウマみがある

このように、純資産の部は、いろいろな要素が入り込んできて複雑です。今までも貸借対照表の資本の部の理解は難しいと言われてきましたから、今回の改正でより一層理解の困難さに磨き（？）がかかったと言えます。

しかし、重要なことに的を絞ってお話すれば、思いの外、簡単なのです。特に、純資産の部の中で大きな金額を占める項目は、資本金（それと同じような性格の資本剰余金）と利益剰余金ですから、まずそこだけを理解してしまうことにしましょう。

つまり、貸借対照表の純資産の部の主要な構成要素は二つだけなのです。資本金（＋資本剰余金）と利益剰余金です。

2　資本金と資本剰余金

■資本金の金額

会社法の施行により、会社の機関は自由に設計できる要素が増えました。最小の機関であれば、株主総会と取締役が一人いれば、株式会社ができます。

また、資本金も極端な場合、ゼロでもよいことになりました。

株主が会社に対し、資本を提供するのが「資本金」です。具体的に考えてみましょう。五人の株主が、二〇〇万円ずつ出し合って、会社を作ったとしましょう。資本金一〇〇〇万円の会社ができたことになります。

資本金は株主が返済不要の約束で出資したものです。基本的には株主に返してと言われても返す必要はないのです。その点が、借入金とは違います。

もっとも、株式は他人に譲渡することが可能ですから、会社に買い取ってもらわなくても、他人への売却で資金化することは可能です。

資本金の金額は、大きい方が安心のように見えますが、一方で、資本金が大きいと公認会計士の監査が必要になったり、株主への配当が大変だったり、事業税に外形標準課税の要素を取り込む必要性が生まれたりします。ですから資本金をどのくらいの金額にするかは、よく考えておく必要があります。

■資本剰余金は資本金の仲間

上場企業の貸借対照表を見ていると、資本金の下に「資本剰余金」という項目が現れてきます。この資本剰余金がわかりにくさを助長しています。

資本剰余金にもいろいろあるのですが、資本剰余金のうちの大きな金額は「資本準備金」です。具体的な例で、資本準備金を説明してみましょう。

会社が増資をしたとしましょう。一〇〇〇万円の増資です。会社は株主からお金を受け取って、この一〇〇〇万円を資本金にプラスすれば、それでOKです。

しかし、別の方法として、株主が拠出した半分までの金額を資本金に含めないことが認められています。そのとき、資本金に入れなかった金額は資本準備金にすることになっています。

要は、株主が拠出した金額を資本金にしたり、資本準備金にしたりできるのです。

でも、皆さんがそう思われたように、名前は変えても、資本金であれ、資本準備金（資本剰余金）であれ、株主が出したお金ということではまったく同じです。ですから、私は資本剰余金は資本金と親戚で同じグループという解釈をしてもらっています。

厳密に言えば、資本剰余金は増資のとき以外にも発生しますので、これだけでは正確さを欠くかもしれません。しかし、基本的なことを理解するためには、細かなことをいろいろ考えるより、重要なことに的を絞って理解した方が、理解のスピードは非常に速くなります。

まずは、資本金と資本剰余金は親戚であるというように理解しておくことにしましょう。資本剰余金は資本金の仲間です。

3　利益剰余金の中味

■利益は資金の調達

お金をどう調達してくるかを考えてみると、

図表22

利益剰余金とは？

前期の利益剰余金 − 配当金 ＋ 当期純利益 ＝ 当期の利益剰余金

①銀行から借りる
②増資をする
③社債を発行する
④仕入代金を借りる（買掛金など）

という項目がすぐに頭に浮かびます。

しかし、会社が儲けて資金を作るのも立派な資金調達の方法なのです。普通に考えれば、儲かればお金が増えるわけですから、利益が出るということは、資金が調達されたと考えてよいわけです。

貸借対照表の右側――つまり負債と純資産は資本の調達だと言いました。お金をどう集めたかが書いてあるのです。会社が、今まで利益をどのくらい計上してきたか、その累積値が「利益剰余金」です。

当然ながら、利益を毎年多く出してきた企業は、利益剰余金が蓄積されて、この金額が大きくなります。したがって、貸借対照表を見るときに、利益剰余金の金額を見れば、その企業の長期的な収益性がわかるのです。

もっとも、利益が出ても、その利益から株主に配当金を払います。その分、利益剰余金は減少しますから、単純に利益の積み重ねというより、利益の積み重ねから配当金などを支払った金額を減じたものが利益剰余金というのが正しいようです。

■利益準備金とその他利益剰余金

利益剰余金は大きく「利益準備金」と「その他利益剰余金」に分かれます。このようにだんだん項目が分化してくると、複雑になった印象を受けます。

利益準備金は、もともと商法（会社法の前）の考えていたことで、株式会社は株主も有限責任（出資した人が出資した額についてのみ責任を負うという原理）で債権者にとってアブナイ存在であるという発想から出ています。

たとえば、設立したての会社が決算の結果、利益が出たとしましょう。この利益をどうするかが問題です。

もし、この利益の全額を配当してしまったらどうでしょうか。

会社は、一度利益剰余金を計上したものの、全額配当してしまったのですから、利益剰余金はゼロになります。会社は不安定な存在ですから、翌期に赤字にでもなれば、たちまちアブナイ会社になってしまいます。

そこで、法律で、利益が出て配当するのもよいけれど、一部は残しておきなさいよ、そう規定したのが利益準備金なのです。

会社法では、剰余金の配当をするときは、配当をする金額の一〇分の一を利益準備金として積み立てなさい、という同様の規定を置いています。全額配当してはいけないというルールです。もっとも、資本準備金と利益準備金の合計が資本金の四分の一に達したら、その規制はありません。

しかし、利益準備金といえども、結局は会社が生み出した利益なのですから、利益剰余金の一種です。

■名前が変わっていても、みな同じ

利益準備金以外の利益剰余金を、その他利益剰余金と言いますが、これも名前はいろいろあるものの、過去からの利益の蓄積という点では、性格が異なるものではありません。

つまり、貸借対照表の純資産の部にある利益剰余金は、利益準備金、別途積立金、配当平均積立金など、いろいろな名前が付いていますが、これらは過去の利益のうち、内部留保（配当等により社外流出した金額以外）したものを指しているのです。

××積立金とはされていない繰越利益剰余金は、そうした名前がまだ決まっていない過去の利益及び今期の利益の合計額です。

しかし、この繰越利益剰余金も、決算日現在に内部留保されている利益には変わりありませんので、これも利益剰余金の一種です。

この節の一番最初に、貸借対照表の純資産の部は、資本金と利益剰余金から成り立っていると言いました。

要は、次の二つから成っているものなのです。

①株主が出した金額（資本金＋資本剰余金）
②会社が稼ぎ出した利益のうち内部留保されている金額（利益剰余金）

4　純資産の部のまとめ

■株主資本とそれ以外

貸借対照表の純資産の部は、「資本金（＋資本剰余金）と利益剰余金の二つだ」という、非常に大胆な割り切り方をしました。初心者の理解はそれでよいと思います。

しかし、実際の貸借対照表純資産の部は、図表23（121ページ）のように、もう少し複雑です。

特に、大きくはⅠの株主資本と、ⅡからⅣの評価・換算差額等、新株予約権、少数株主持分に分かれています。

私が強調してきた、純資産の部は資本金と利益剰余金で構成されていると考えればよいという理解は、株主資本の主要部分についてです。

確かに、それ以外の項目も多いのですが、中心となるのはそれでよいと思います。

ここでは、もう少し詳しく勉強したい人のために、簡単にコメントを付け加えておきましょう。

■自己資本の定義

会社法施行前までは、貸借対照表の資本の部は、自己資本とも呼ばれ、株主資本とも呼ばれていました。それらはみな同じでしたから、区別の煩わしさがありませんでした。しかし、純資産と変更されてからは、まず、株主資本は純資産の部の一部になりました。それと、自己資本という言葉も定義しなおされました。

自己資本　＝　純資産　－　新株予約権　－　少数株主持分

この自己資本という言葉は、貸借対照表に出てくるものではなく、経営分析上、自己資本利益率（ＲＯＥ：131ページ参照）などとして使われるものです。

■評価・換算差額等と少数株主持分

純資産の部で株主資本以外に金額が大きくなる可能性のあるものは、「評価・換算差額等」と「少数株主持分」です。

評価・換算差額は、その他有価証券（株式のうち、売買目的有価証券や関係会社株式以外のもの。持ち合い株など）での評価損益などです。

これらは、評価損益ですが、損益計算書には計上せず（したがって、利益剰余金の中には含まれていない）、直接貸借対照表のこの箇所に計上することになっています。評価・換算差額は、自己資本と考えてもよいところなので、自己資本の範囲には含めてあります。

少数株主持分というのは、連結決算書に出てくる言葉です。

連結会計は、親会社と子会社等を一つの会社に見立てて決算書を作ります。親会社が子会社のすべての株を保有している会社を完全子会社と言いますが、完全子会社であれば、「子会社のモノは親会社のモノ」と言えます。

しかし、たとえば親会社が子会社の株を半分しか持っていなかったら、子会社の資産等のうち半分は親会社以外の株主、すなわち少数株主の持ち物ということになります。

このように、連結会計で、子会社の第三者持分のことを、少数株主持分と言います。かつては貸借対照表の負債と資本の間に中間的存在として少数株主持分を記載したのですが、会社法の施行以降、純資産の一部として表示されるようになったのです。

図表23

純資産の部を詳しく見ると……

純資産の部

Ⅰ 株主資本
　1．資本金
　2．資本剰余金
　　① 資本準備金
　　② その他資本剰余金
　3．利益剰余金
　　① 利益準備金
　　② その他利益剰余金
　　　××積立金
　　　繰越利益剰余金
　4．自己株式（マイナス表示）

Ⅱ 評価・換算差額等

（Ⅰ～Ⅱ：自己資本）

Ⅲ 新株予約権

Ⅳ 少数株主持分（連結のみ）

株式会社ヤマダ電機　貸借対照表(連結)

(18.3.31)　(単位　億円)

(資産の部)		(負債の部)	
流動資産	2,139	流動負債	1,323
現金預金	300	支払手形・買掛金	620
受取手形・売掛金	159	未払法人税等	176
棚卸資産	1,463	賞与引当金	18
繰延税金資産	73	ポイント引当金	140
その他	143	その他	369
		固定負債	762
固定資産	2,473	社債	96
有形固定資産	(1,597)	長期借入金	518
建物	966	その他	147
土地	554	負債計	2,085
その他	77	(純資産の部)	
無形固定資産	(27)	株主資本	(2,498)
投資その他の資産	(850)	資本金	662
投資有価証券	37	資本剰余金	662
差入保証金	714	利益剰余金	1,175
繰延税金資産	29	自己株式	△1
その他	70	評価・換算差額等	(3)
		少数株主持分	(27)
		純資産計	2,528
資産合計	4,613	負債・純資産合計	4,613

純資産の部については、新表示方式に変更してある

第3章

「経営分析」をしてみよう

I 会社をどのように見るか

1 分析する視点

■美人論争

「あの人、美人だね」

「そうでもないじゃん」

私はよく妻と意見が食い違います。もちろん、私が「あの人、美人だね」と言って、妻が否定をするときは、同性のひがみもあるかな、と思うのですが……。

人間を見る目は、人の感性によって結構違うものです。

会社を見る目は、数字を通じて分析するのだから同じように思えるのですが、これも最終的には判断が異なることも多いのです。

たとえば、どんなことがあってもつぶれそうにないA社と、今は収益性が非常に高い（将来はわからない）B社では、どちらが良い会社と言えるでしょうか。

お金を貸す場合のことを考えてみましょう。

B社が現在儲かっているけれど将来はわからないというのであれば、お金を貸すのは危険です。お金を貸すならA社の方がずっと安心というわけです。

逆に、会社に株式投資をしてみることを考えてみましょう。

今度はA社はあまり魅力的ではありません。株価の上昇は期待できないかもしれません。B社はリスキーな点はありますが魅力的です。特に短期投資であれば成功する可能性は高いでしょう。

もちろん、この問題は極端すぎるかもしれません。絶対につぶれそうにないA社は儲かっているからつぶれないのでしょう。赤字の連続でも、堂々と生き延びられる企業は普通ありません。

逆にB社は現在利益が出ていても、将来はわからないということですが、誰も将来のことはわからないし、わからない将来に対し手を打っていくのが経営者でしょう。ですから、儲かっている会社が極端に安全度が低いというのは考えにくいことです。

それでもこのように、分析する立場によって、企業を判定する視点というのは大きく異なるものなのです。

■売上か利益か……

高度成長の時代にあっては、「売上高至上主義」というものがありました。売上高が大きくなれば、市場での支配力を高めることができる、その結果、利益も出る、そうした発想でした。

しかし、売上だけで企業の良し悪しは判定できません。売上だけを上げるなら、仕入れたものを安く売ればよいわけですから、簡単です。極端な話、一万円札を九〇〇〇円で販売すれば、売上だけは、大きく伸びるはずです。

企業を評価するには売上だけ見ていてはいけない。この考え方に疑問を唱える人はいないでしょう。

次に考えられるのは利益です。やはり、企業の評価では利益が中心になります。しかし、ここでも問題が生じます。「利益って、どの利益?」です。

損益計算書には五つの注目利益がありました。皆さん、挙げることができるでしょうか?

売上総利益、営業利益、経常利益、税引前当期純利益、当期純利益の五つです。経営分析に登場するのはどの利益か、ということです。

経営分析の目的により、各種利益がいろいろ登場してきます。しかし、会社全体の利益の状況を見るのでしたら、やはり経常利益か税引後の当期純利益でしょう。もっとも、最近では営業利益も注目度が高まっています。

■金額か率か……

利益が大きな評価の基準だとしても、それを評価するのは「金額」でしょうか、「率」でしょうか。

経営分析では、金額で評価することも、率で評価することも行われます。

金額で評価するケースでは「利益が一兆円を超えた」とか「あの会社の社員一人あたり利益は××万円だ」などという具合です。

一方の率は、「売上総利益率(粗利益率)」とか「自己資本利益率」というようになります。

金額は規模や量的効率を示す上で非常に有効です。一方の率は、他の企業と比較したり、過年度の率と比較したりすることによって有効に使われます。

この両方を見ていくことが大切なのですが、ここでは率に絞って話を進めていくことにしましょう。

2　投資と効率

■率にもいろいろありまして……

経営分析の率を理解してくると、何となく決算書がわかったような気になってきます。私なども若い頃は、経営診断に行くとこうした率を多用して説明したものです。今考えると、相手の企業には何のプラスにもならなかったことでしょう。汗顔の至りです。

ところで、利益率と言うと、売上高に対する利益率がすぐに頭に浮かびます。

売上高営業利益率、売上高経常利益率……などです。利益は損益計算書に出てくるものですから、損益計算書の出発点である売上高を基準にした比率が多くなるのは当然です。

図表24

百分率損益計算書

	金額	率
売上高	25,000	100.0
売上原価	18,000	72.0
売上総利益	7,000	28.0
販売費及び一般管理費	4,500	18.0
営業利益	2,500	10.0
‥	‥	‥

要は売上高を一〇〇とした百分率損益計算書を作成すれば、だいたいのことはわかります。

しかし、利益に関する経営分析をするときに、売上高に対する各種利益率を求めるだけで十分でしょうか？

売上高に対する利益率というのは、企業の収益性を示す重要な比率であることは確かです。しかし、売上高利益率には、どのくらいの投資をしてこのようになったのか、投資の効率という面が欠けています。

その企業にどのくらい投資したのか、それによってどのくらいの利益を上げることができたのか、こうした投資に対するリターンという観点こそ、忘れてはならない経営分析のポイントなのです。

■資本利益率の登場

企業がどのくらいの投資をして、どのくらいの利益を得たか、それを知るには「資本利益率」と呼ばれる指標を用います（以下、算式のあとの「×《かける》100」は省略します）。

ここで問題になるのが、資本とは何を指すのか、また、それに対応する利益は何を意味しているかです。

まず、資本ですが、これには三種類あります。

①総資本……貸借対照表の資産合計（負債＋純資産）
②経営資本……総資本－社外投資等
③自己資本……純資産－新株予約権－少数株主持分（連結会計）

実務的によく用いられるのが、①の総資本と、③の自己資本です。

総資本は資産合計と同じ金額ですから、企業がどのくらい

資本利益率

$$= \frac{\text{利益}}{\text{資本}}$$

の投資をしたのか、また、それに対するリターンは足りているのかどうかを見る包括的指標です。

③の自己資本は、会社法の施行とともに内容に変化が生まれました。それまでは、自己資本＝株主資本＝純資産と考えられていましたから、自己資本は貸借対照表の資本の部の数値をそのまま写せばよかったのです。

ところが、純資産の部が株主資本とその他に分かれたから大変です。一体全体、自己資本利益率の自己資本とは何を指すのかが問題になりました。

経営分析自体は分析する人の観点でいろいろな算式が考えられますが、有価証券報告書では、自己資本というときは、純資産の合計から新株予約権と少数株主持分を差し引いて求めます。なお、自己資本利益率はＲＯＥ（アール・オー・イーと読みます）などと呼ばれ、最近重視されている項目です。

■資本のお見合いの相手は？

資本には三種類あり、利益も五種類に分かれますから、その組み合わせもいろいろになります。

自己資本は、中心となるのが株主資本ですから、株主が投資した金額に対して、何の利益が相手としてふさわしいか、ということになります。

株主の興味は、最終結果としていくらの利益を稼ぎ、配当の原資としていくらあるのかということです。したがって、自己資本は税引後の当期純利益との相性が良いようです（自己資本当期純利益率）。

それに対して、総資本は企業の総投資額ですから、通常の状態の包括的利益である経常利益とピッタリです（総資本経常利益率）。

ただし、総資本に対しても、当期純利益との関係を見る方法もあります。

ここでは、総資本と経常利益の率として整理しておきましょう。

- 自己資本当期純利益率

$$=\frac{\text{当期純利益}}{\text{自己資本}}$$

- 総資本経常利益率

$$=\frac{\text{経常利益}}{\text{総資本}}$$

3　資本利益率の分解

$$\frac{\text{利　益}}{\text{資　本}}$$

（資本利益率）

$$= \frac{\text{利　益}}{\text{売上高}} \times \frac{\text{売上高}}{\text{資　本}}$$

（売上高利益率）　（資本回転率）

■二つの要素に分解

経営分析をする場合、一つの比率を見て終わりではありません。その比率が悪ければ、原因を探っていく必要がありそうです。そうした原因追及のためには、元の資本利益率を分解していくのが効果的です。

資本利益率は算式のように、売上高利益率と資本回転率に分解されます。もちろん、実際に経営分析をするときには、資本に何を使うか（例：総資本、自己資本）、利益に何を使うか（例：経常利益、当期純利益）、具体的な項目が算式に入ることになります。

図表 25

資本回転率とは？

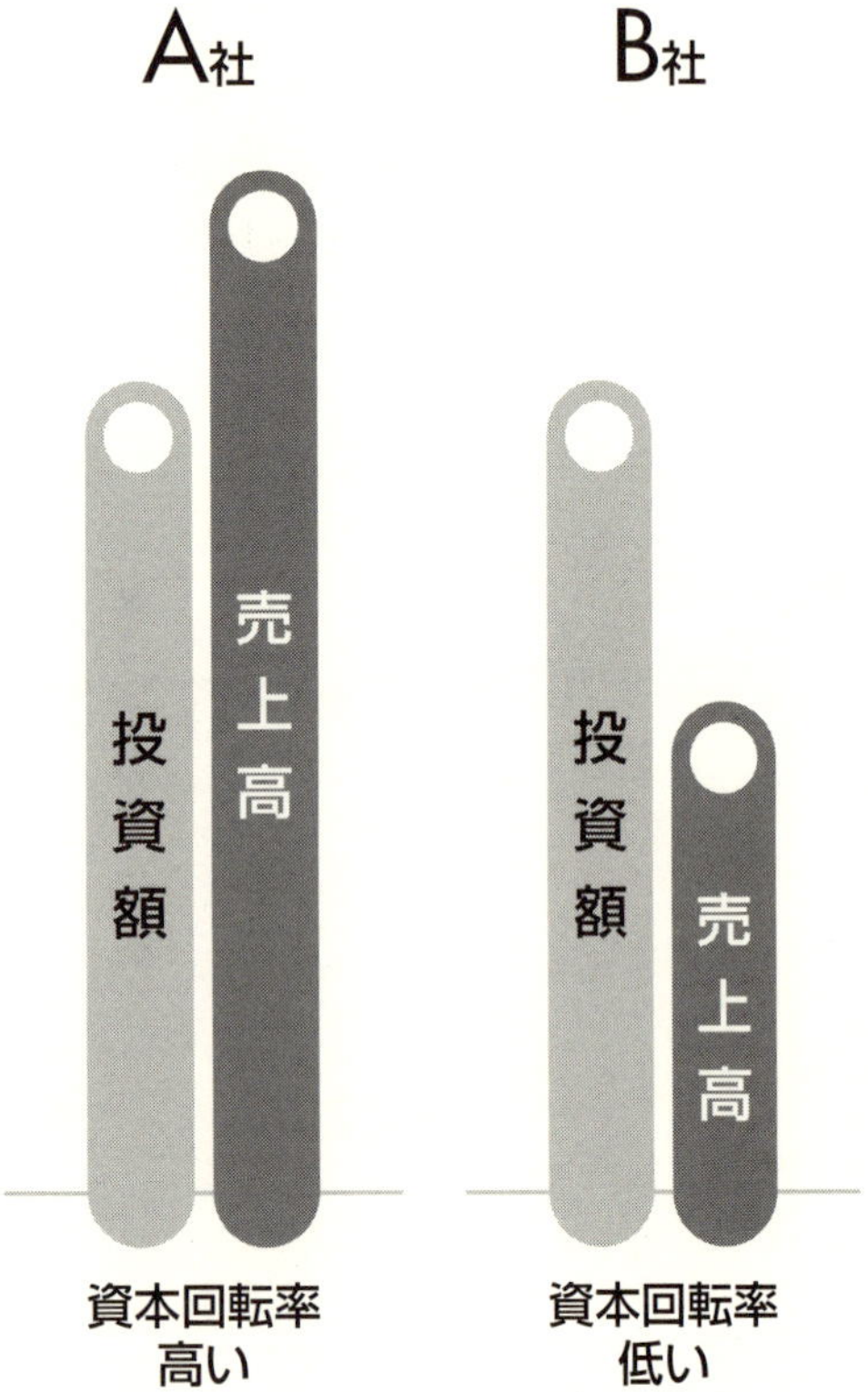

この算式中、売上高利益率はわかりやすいですが、資本回転率の方は見慣れないし、意味もよくわかりません。

資本回転率は、売上高の割に投下した資本が大きいか小さいかを見る比率です。資本回転率が低いということは、売上高の割に資本が大きすぎることです。投資をしたものの、それに見合う売上高が小さいことを意味しています。

逆に、資本回転率が高いと、資本効率が良く、少ない資本で多くの売上を上げているとの評価が与えられます。

■資本とはいつの資本か？

経営分析をするときに、売上高や利益については、損益計算書の項目をそのまま写すだけですから、なんら難しい点はありません。その点では、貸借対照表項目である資本なども期末の数値で良さそうに見えます。

経営分析の方法もいろいろで、資本などの貸借対照表項目についても期末残高でそのまま計算する方法も結構多くとられています。

しかし、貸借対照表の各項目は増減します。たまたま年度末に多かった、などということがありますから、期末だけで計算すると、たまたまの状況で大きく変動してしまうことも多いのです。

$$\times\times回転率 = \frac{売上高}{\frac{前期有り高+期末有り高}{2}}$$

総資本回転率のように分母が大きな分析比率については、それほど大きな変動はないかもしれません。しかし、後述する商品回転率などでは、期末に大きな仕入れがあると、在庫が急に増え、それだけで比率に大きな影響を与えます。

そこで回転率を算出する際に、期首と期末の数値との平均値を分母として計算する方法がとられています。大会社が財務省に提出する書類などはこの方式です。もちろん、期首というのは前期末の数値と同じですから、前期期末と当期期末の平均値でもあるわけです。

Ⅱ 実際の企業で分析開始

1 ホンモノの数字を使ってみよう

本項では実際の企業のホンモノの数字を使って、分析にトライしてみることにしましょう。

「ん？　この本は数字を使わないと言ったじゃないか!!」

そうです。できるだけ使わないというお約束を忘れてはいません。ですから、実際の数字ですが、とても簡単に表示します。概算です。したがって、実際の企業の数字を使っているとはいえ、細かな点では実態と少々異なる可能性があることもご了承下さい。

ここでは、数字単位は億円を使いますが、目的は興味を持ちながら経営分析を理解することですから、本文中は必要がなければ金額単位を省略します。その方が簡単なイメージをお持ち頂けるからです。

図表 26

花王株式会社（連結）

貸借対照表

（平成18年3月　現在）

（単位　億円）

勘定科目	前期	当期	勘定科目	前期	当期
資産の部			**負債の部**		
流動資産	(2,892)	(3,646)	**流動負債**	(2,115)	(4,362)
現金及び預金	320	474	支払手形・買掛金	710	965
受取手形・売掛金	1,036	1,291	短期借入金	186	1,668
有価証券	404	202	未払金・未払費用	824	1,034
棚卸資産	818	1,059	未払法人税等	197	175
繰延税金資産	146	195	その他	199	520
その他流動資産	189	448	**固定負債**	(218)	(2,658)
貸倒引当金	−21	−22	長期借入金	14	2,185
			退職給付引当金	102	294
固定資産	3,997	8,559	その他	101	178
有形固定資産	(2,602)	(2,828)	**負債の部合計**	2,333	7,020
建物及び構築物	899	951			
機械装置・運搬具	801	905	**純資産の部**		
土地	625	671	**Ⅰ株主資本**	(4,844)	(5,307)
その他	276	301	資本金	854	854
無形固定資産	(862)	(4,662)	資本剰余金	1,096	1,096
投資その他の資産	(532)	(1,069)	利益剰余金	2,993	3,459
投資有価証券	224	183	自己株式	−99	−102
繰延税金資産	169	562	**Ⅱ評価・換算差額等**	−362	−211
その他投資等	139	323	**Ⅲ少数株主持分**	74	89
			純資産の部合計	4,557	5,186
資産合計	6,890	12,206	**負債・純資産合計**	6,890	12,206

図表 27

損 益 計 算 書

（平成17年4月～18年3月）

勘定科目	前期	当期
売上高	9,369	9,712
売上原価	4,048	4,277
売上総利益	5,320	5,435
販売費及び一般管理費	4,107	4,234
営業利益	1,214	1,201
営業外収益	57	45
営業外費用	17	27
経常利益	1,253	1,220
特別利益	16	17
特別損失	73	67
税引前当期純利益	1,197	1,169
法人税等	428	387
税効果調整額	43	60
少数株主利益	4	11
当期純利益	722	711

今回は、日本を代表する日用品メーカー、花王株式会社（以下、花王）に登場して頂きました。

ご存じのように花王はいろいろな意味で先端的経営をしており、経営の安定度に定評のある会社です。平成十八年三月期単年度ではわかりにくいので、前期（平成十七年三月期）の数字も併記しておきました。また、純資産の部は、新しい表示方式に変更してあります。では、これら決算書の見方をわかりやすく解説していきましょう。

2 決算書で何を見るか

(1) 要約してみる

決算書の全体を示されても、どこを見ればよいか、とまどってしまいます。

そこで、まずポイントを絞りましょう。図表28のように貸借対照表は流動資産など七つの要素を、損益計算書は売上高の他に、営業利益、経常利益、当期純利益の三つの利益を挙げてみましょう。実は、この要素だけでもかなりのことはわかるのです。でも、数字を

図表28

貸借対照表の要約

単位 億円

	前期	当期
流動資産	2,892	3,646
固定資産	3,997	8,559
資産合計	6,890	12,206
流動負債	2,115	4,362
固定負債	218	2,658
純資産	4,557	5,186
負債純資産合計	6,890	12,206

損益計算書の要約

単位 億円

	前期	当期
売上高	9.369	9,712
営業利益	1,214	1,201
経常利益	1,253	1,220
当期純利益	722	711

図表29

花王の総資産と売上高

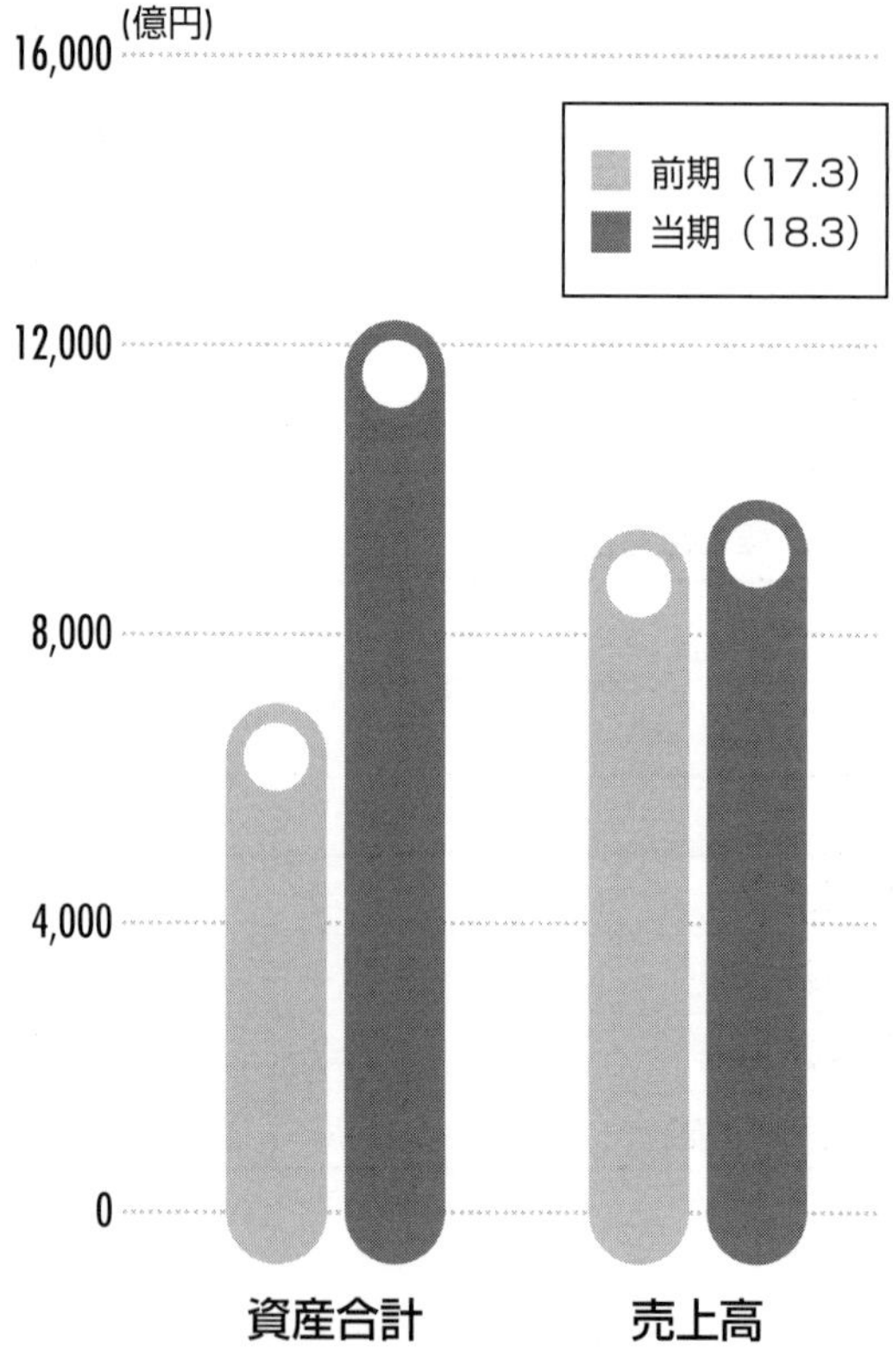

図式化してみると、もっとはっきりします（図表29参照）。

売上高の方はあまり変化がないのですが、当期の資産合計は前期の二倍近くになっています。これは異常な数値です。花王の資産が二倍になったのは、カネボウ化粧品を買収したことが原因ですから特殊事情です。普通であれば一年でこんなに資産が増加することはありません（ライブドアのようなケースは別として）。

カネボウを買収したものの、決算期のずれなどから、貸借対照表は合併されていますが、損益計算書の数字はカネボウの数字を含んでいません。売上や利益については変化していないのです。

総資本経常利益率
（当期）

$$= \frac{\text{経常利益}\ 1,220}{\text{総資本}\ 12,206}$$

$$= 10.0\%$$

したがって、当期（十八・三期）の数字は総資産（総資本）の割に、売上高や利益の割合は低いことになります。それでも、当期の総資本に対する経常利益の割合を見ると、ほぼ一〇％を達成しています。総資本経常利益率が一〇％というレベルは、かなり高いものなのです。

昨年度のこの数値は一八・二％となっています。製薬業界などでは、この比率がとてつもなく大きなものとして出てきますが、その他の業界で総資本経常利益率が二〇％近くある大企業は、そうあるものではありません。上場製造業の総資本経常利益率の平均値が五〜六％程度ですから、一八・二％は非常に大きいわけです。

(2) 花王の強さは利益率?

■売上高と各種の利益

資本利益率は、売上高利益率と資本回転率に分解できました（133ページ）。花王のように投資に対する利益率が高い会社は、売上高に対する利益率が高いか、資本回転率が高いか、あるいは両方とも高いということになります。花王の場合はどうなのでしょうか？

売上高に対する利益率は、売上高を一〇〇として、各種の利益を計算すればよいことになります。実際の結果を見てみましょう。花王は非常に安定した数字を保っていますので、当期の売上高に対する各種利益率は、前期よりも若干減少しているものの、ほぼ同じ水準にあると言ってよいと思います。では、花王は一般的水準とどのくらい違うのか、見てみましょう（図表30参照）。

図表 30

花王の各種売上高利益率

	前期(17.3)		当期(18.3)	
	億円	%	億円	%
売　上　高	9,369	100.0	9,712	100.0
売上総利益	5,320	56.8	5,435	56.0
営 業 利 益	1,214	13.0	1,201	12.4
経 常 利 益	1,253	13.4	1,220	12.6
当期純利益	722	7.7	711	7.3

花王の利益率(当期)

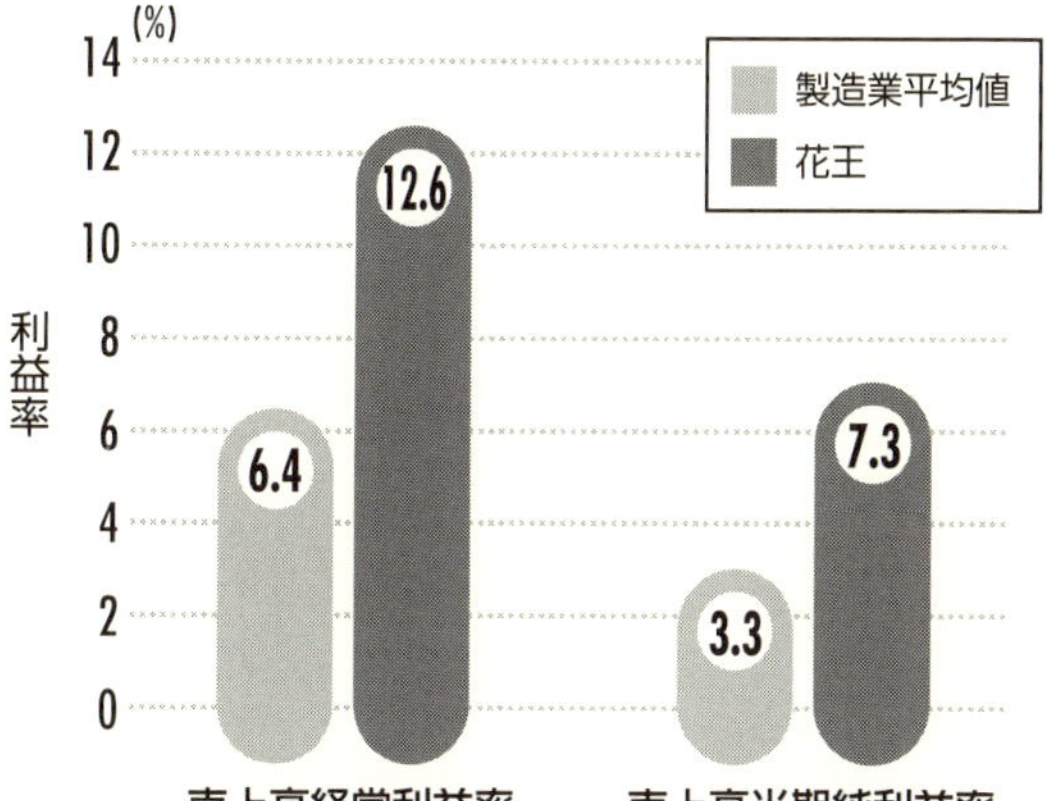

ここでの一般的水準は『日経経営指標二〇〇六』の資料を基にしてあります。

売上高経常利益率、売上高当期純利益率ともに、製造業平均値の二倍といったところが、花王の水準です。いかに収益性が高いかがわかります。

■出発は売上総利益率

売上高に対する利益率が高いことは、利益率の出発点である売上総利益率に起因するかもしれません。

製造業の売上総利益率の一般的な水準は二五％程度です。これは大企業でも中小企業でもそれほど大きな差はありません。ただし、業界による差は大きくなっています。

製薬のような業界では、それこそ七五％の売上総利益率を確保している武田薬品のような企業がありますから、ものすごく高くなっています。

一方で、日本経済を支えている大きな柱である自動車製造業を見ると、二〇％を少し上回る程度です。日本で一番多くの利益を上げているトヨタ自動車の売上総利益率は二〇％以下ですから、売上総利益率の低い企業はダメということではありません。

図表31

売上総利益率の比較

花王	56.0 %
トヨタ自動車	19.5
日産自動車	25.3
キヤノン	48.5
日立	21.9
武田薬品	76.7
第一三共	68.6
新日本製鐵	21.6
JFE HD	26.3

（平成18年3月または直近連結決算）

しかし、一般的には、売上総利益率の高い企業が、最終的な利益率も高くなる傾向にあることは確かです。

花王の売上総利益率は五六％です。医薬品の製造業には負けますが、非常に高い水準です。日本の主立った企業の売上総利益率を比較してみましょう。

上の表に挙げた会社は超有名企業ばかりです。その中でも花王の売上総利益率の高さは目につきます。

この売上総利益率の高さが花王の高収益性の原因かもしれません。そして、その結果が売上高営業利益率や経常利益率の高さに結びついているのです。

（3）諸回転率はどうか？

■回転率も良好

前述のように、資本利益率は売上高利益率と資本回転率に分解できました。ここでは資本回転率の代表格である総資本回転率を使って考えてみることにしましょう。

総資本回転率は、売上高を総資本で割って求めます。総資本は貸借対照表の合計で、資産合計でもよいですし、負債＋純資産でも同じです。

花王の場合、この回転率は前期と今期では大きく変化しています。図表32を見れば明らかなように、前期は総資本より売上高の方が大きく、当期は逆転しています。当然、カネボウ買収の影響（売上はまったく増加していないのに、買収で資産のみが増大）で、花王にとっては当期の状況が異常値です。来期以降は、また改善されるだろうと思います。

ところが、全企業を平均すると、花王の当期の状況が普通なのです。つまり、一般的な企業では、「年間売上高＜総資本」という関係にあるのです。

売上高を総資本で割った総資本回転率は、「回転」という単位を用いて表現します。花王の前期の総資本回転率は一・四回転、当期のそれは〇・八回転です。

図表32

花王の総資産と売上高

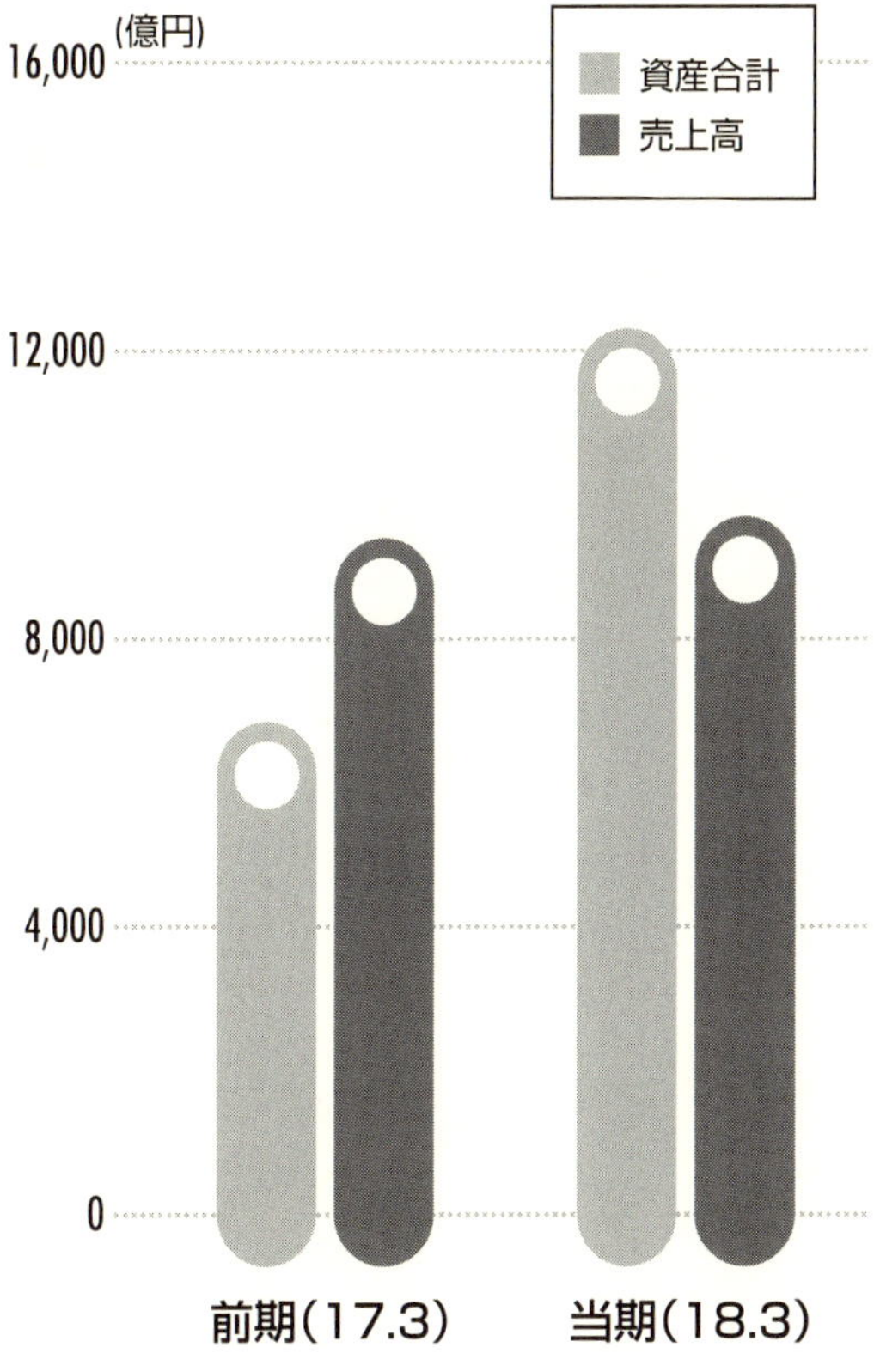

■回転率を細分化すると……

総資本回転率は、総資本、つまり貸借対照表の合計数字と売上高との割合を見るものでした。花王の比率は良いのですが、もし、この比率が低い企業でしたら、次にどうしたらよいでしょうか？　売上高の割に、どんな投資が多いのかを見る必要があります。

企業経営で、特に重要な投資とは何でしょうか？　もちろん、人材投資とか、研究開発投資という項目もありますが、オーソドックスに言えば、

①信用投資（売掛投資）
②在庫投資
③設備投資

の三つです。これらの項目は、すべて貸借対照表の資産の部に計上されています。

この三つについて、それぞれ回転率を見ていくわけです。

■売上債権回転率とは

貸借対照表の順番でいくと、最初に出てくるのが、信用投資の状況です。信用投資とい

図表33

回転率とは？

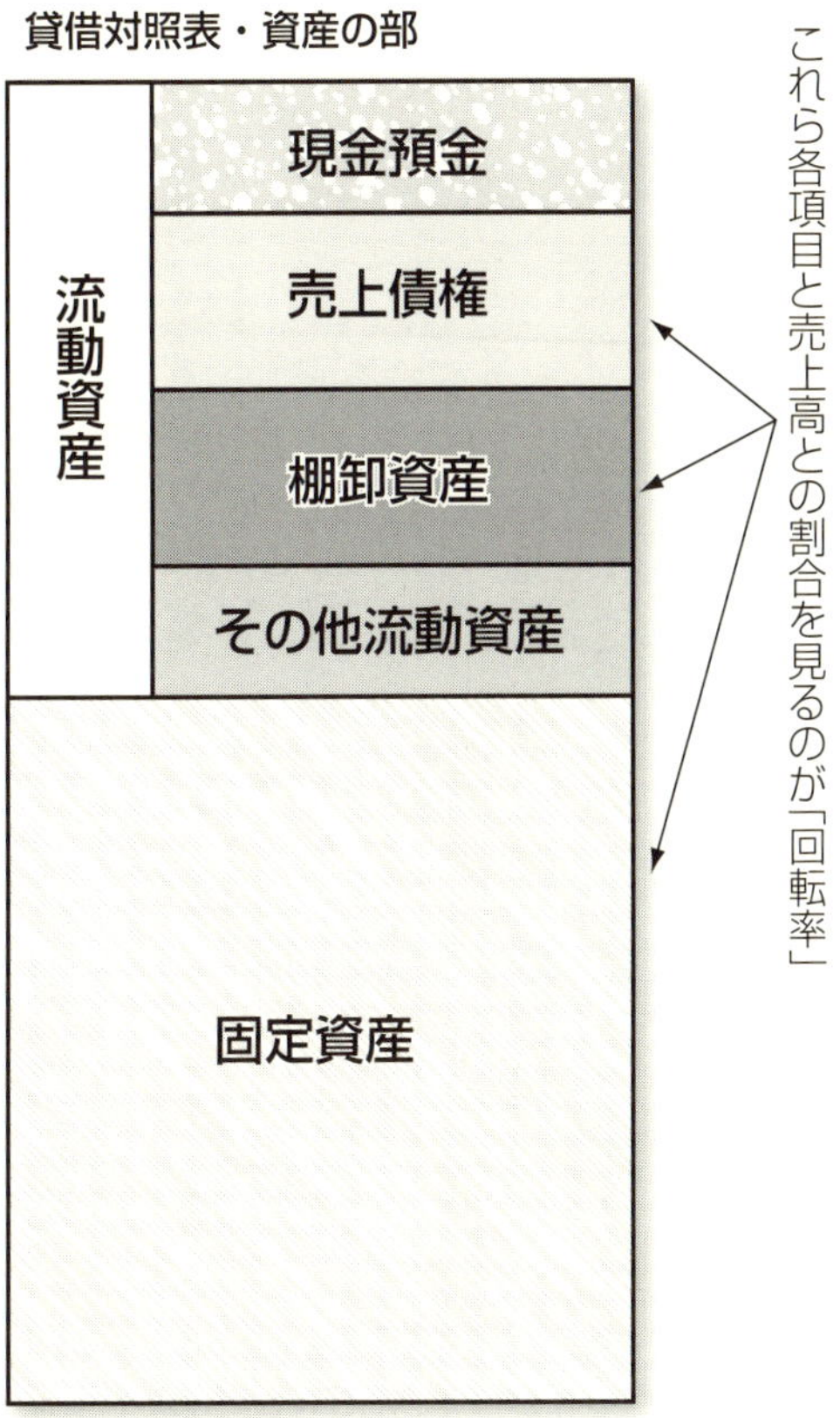
貸借対照表・資産の部
流動資産
現金預金
売上債権
棚卸資産
その他流動資産
固定資産
これら各項目と売上高との割合を見るのが「回転率」

うのはあまり聞き慣れない言葉です。

企業の多くは、売上を上げてもその段階でお金をもらうわけではありません。商品を売ったのに、まだ代金をもらっていないのですから、お金を貸しているのと同じです。得意先に信用を与えていることになります。

商品を売ったのにまだ入金されてこない代金、これが売掛金であり、そのとき手形を受け取れば、受取手形です。

$$売上債権回転率 = \frac{売上高}{受取手形 + 売掛金}$$

この受取手形＋売掛金のことを売上債権（または受取勘定）と言います。これと売上高との関係を見たものが「売上債権回転率」（または受取勘定回転率）です。

この比率は、高い方が代金回収が速くできていることを示しています。つまり、回収状況が良好なわけです。

花王の場合の結果は図表34の通りです。

年間三六五日を、前期の約九回転という回転数で割ると、約四十日ということになります。これを売上債権回転日数と言います。

図表34

花王の売上債権回転率

金額　億円

	前期(17.3)	当期(18.3)
売上高	9,369	9,712
受取手形＋売掛金	1,036	1,291
売上債権回転率	9.0回転	7.5回転

つまり、平均約四十日で回収されているという理屈です。一般的な水準としては七十日程度ですから、花王のこの数値は回収の早さを明確に示しています。

■在庫は適正水準？

二つ目が在庫投資、すなわち「棚卸資産回転率」です。小売業や卸売業では、棚卸資産というと商品を意味しますから、商品回転率と表現します。

製造業では、製品、材料、仕掛品など種類が多いのですが、全部をまとめて棚卸資産回転率として計算したり、製品や原材料などの個別の回転率を求めたりしています。製品回転率、原材料回転率といった具

図表 35

花王の棚卸資産回転率

金額　億円

	前期(17.3)	当期(18.3)
売上高	9,369	9,712
棚卸資産	818	1,059
棚卸資産回転率	11.5回転	9.2回転

合です。連結貸借対照表では、棚卸資産として一括表示されますので、棚卸資産のみが計算可能になります。

サービス業など棚卸資産をあまり扱わない企業もありますが、メーカー等については非常に重要な比率です。花王の棚卸資産回転率については、当期の回転率（九・二回転）が全業種の平均値に近くなっています（図表35）。

前述してきたように当期はカネボウを買収した年であり、在庫が増えても売上高の方は増加していませんから、実質的には棚卸資産回転率が急に悪化したわけではありません。前期の回転率が花王の本来の姿というべきなのかもしれません。

固定資産回転率

$$= \frac{\text{売上高}}{\text{固定資産}}$$

棚卸資産回転率

$$= \frac{\text{売上高}}{\text{棚卸資産}}$$

なお、棚卸資産についても回転日数を使うこともあります。前期の場合、回転率は一一・五回転ですから、棚卸資産回転日数は三十日強（三六五÷一一・五）、在庫の手持ち日数は短い状況を示しています（上場企業平均は四十日程度）。

■カネボウの影響大の固定資産回転率

三つ目は設備投資、すなわち「固定資産回転率」です。固定資産は、有形固定資産、無形固定資産、投資その他の資産に区分されますが、通常は固定資産全体と売上高とから計算されます。

花王の場合は、前期で二・三回転、今期で一・一回転と半減しています（次ページ・図表36参照）。これもカネボウの影響ですが、他の比率に比べると大きな影響のあることがわかります。特に買収による実物資産の受け入れという

図表36

花王の固定資産回転率

金額　億円

	前期(17.3)	当期(18.3)
売上高	9,369	9,712
固定資産	3,997	8,559
固定資産回転率	2.3回転	1.1回転

より、カネボウの化粧品としてのブランド価値等を認めた金額が大きく影響しています。

今後、カネボウのこうした無形の資産を生かせるかどうかが、花王の将来の数字を決めることにもなりそうです。

(4) 貸借対照表の項目同士の比率

■資産と負債のバランス

ここまでの経営分析は、売上高に対する各種利益を比較する損益計算書だけでの比率と、売上高と各種資産とを比較する損益計算書の項目（売上高）と貸借対照表の項目との比率でした。

経営分析でもう一つ取り上げなくては

図表 37

貸借対照表

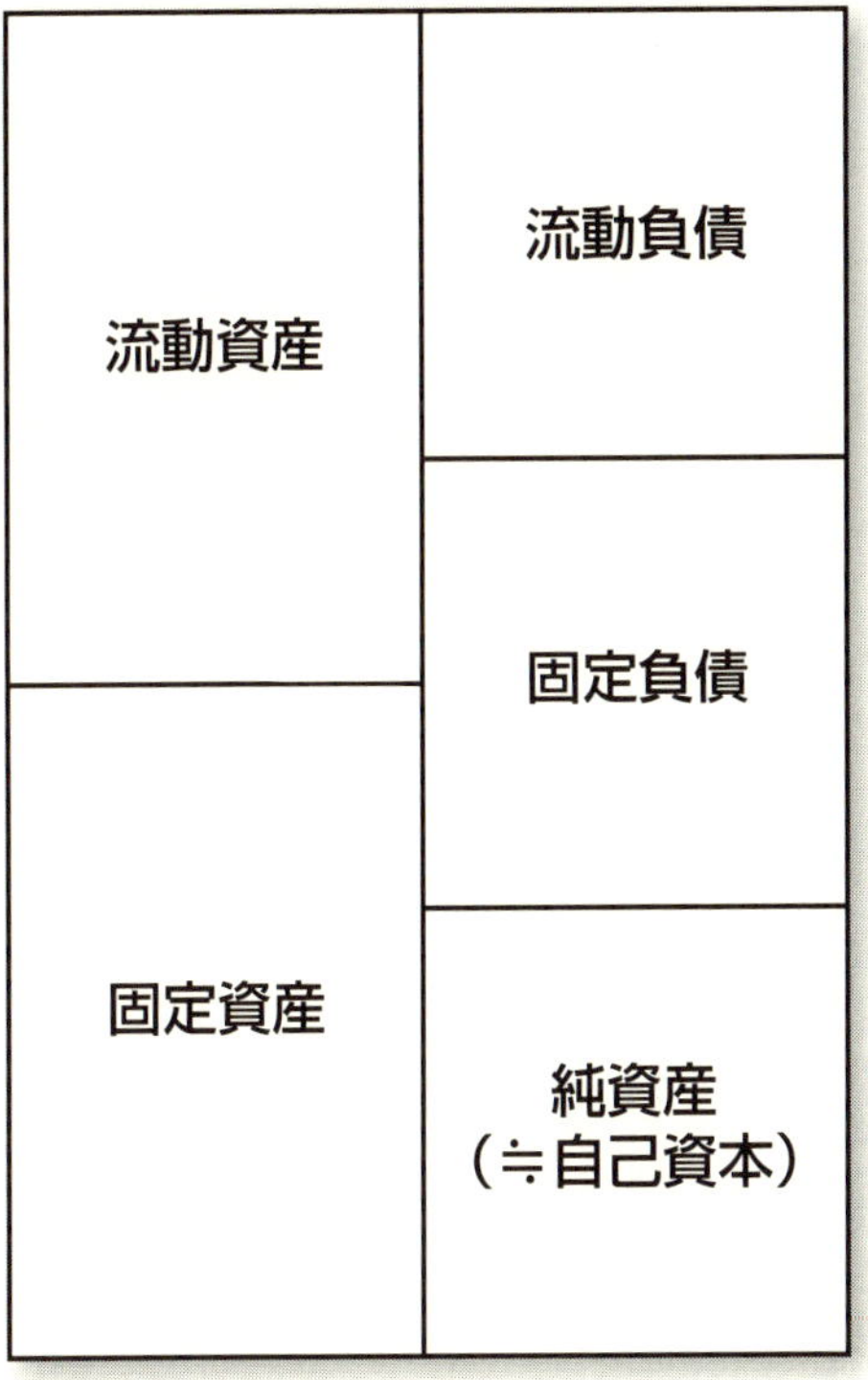

ならないのが、貸借対照表の項目同士の比率です。この分析は、貸借対照表を五つの要素に分けて見るものが多くなっています（図表37参照）。

■**流動比率**

そこで、まず取り上げたいのが、流動資産と流動負債との割合で、「流動比率」と言います。

$$流動比率 = \frac{流動資産}{流動負債}$$

流動資産……一年以内に現金化できる財産
流動負債……一年以内に返済すべき借金

流動比率は二倍以上あるとよいとされていますが、流動比率が二〇〇％を超える企業は少なく、平均すると一三〇～一四〇％程度です。花王の場合、カネボウ買収の前の前期と買収後の当期では大きく変化しています（図表38）。これを見ても、花王といえども今回のカネボウ買収がいかに大きな勝負であったかがわかります。

図表 38

前期と当期：花王の流動比率の比較

花王前期

【前期】　$流動比率=\dfrac{2{,}892}{2{,}115}=136.7\%$

花王当期

【当期】　$流動比率=\dfrac{3{,}646}{4{,}362}=83.6\%$

■固定比率は少ない方がよい

次に見る比率は固定資産に着目した比率です。貸借対照表の右側（負債、純資産）は資金をどのように調達したかが書かれています。反対側（資産）は、その資金をどのように使っているかです。

では、今、固定資産を購入しようとしている企業は、どこから資金調達したらよいでしょうか？

もしも、短期借入金で購入しようとすると、固定資産への投資効果の出る前に返済期限が訪れるかもしれません。固定資産の購入にあたっては、返済がゆっくりな固定負債か、返済不要の純資産がよいことになります。

理想的に言うなら、自己資本（純資産－新株予約権－少数株主持分）で購入できるのが一番安心です。

この関係を示した比率が「固定比率」です。

花王の固定比率は図表39のようになっています。

固定比率

$$=\frac{\text{固定資産}}{\text{自己資本}}$$

図表 39

固定比率の変化

花王前期

前期　$\frac{3,997}{4,483}$ ＝89.2%

自己資本＝純資産4,557－少数株主持分74＝4,483

花王当期

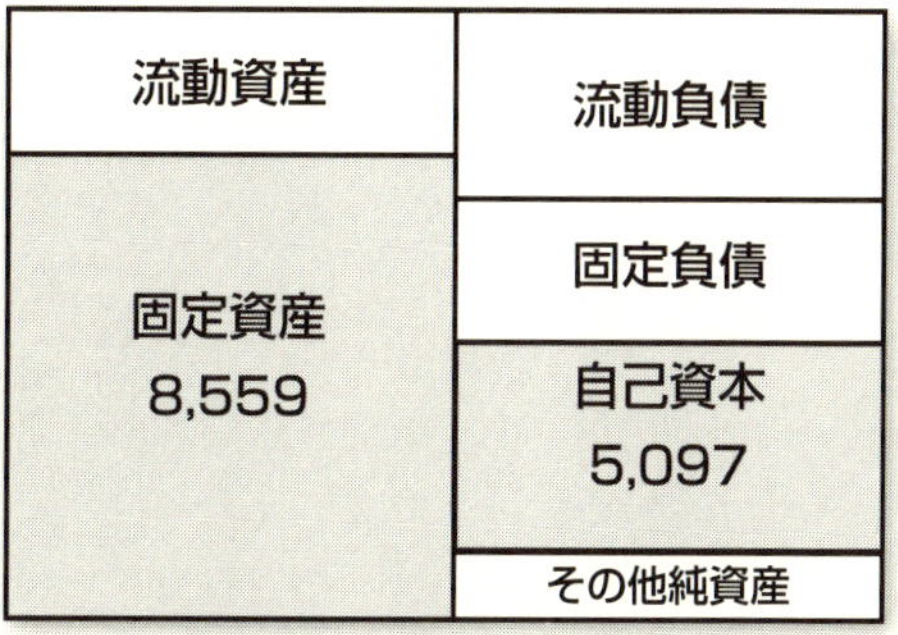

当期　$\frac{8,559}{5,097}$ ＝167.9%

自己資本＝純資産5,186－少数株主持分89＝5,097

ただ、これも、カネボウ買収前後で大きく変化していることがわかります。なお、固定比率は小さい方が良い会社です。

花王の場合、前期は一〇〇％以下で超健全企業と言えますが、当期については固定資産が自己資本を大きく上回り、一七〇％近くにもなっており、一般的製造業の水準（一五〇％程度）をも上回っていることがわかります。

■**自己資本比率**

貸借対照表項目同士の比率の最後は、「自己資本比率」です。

他人資本（負債）は返済すべき金額ですが、自己資本は返済不要です。

そこで、投資の総額である総資本のうち、どのくらいの割合を自己資本が占めているか、それを見る比率が自己資本比率です。この比率が高ければ資本構成が安定していて、良い会社と判断できるのです。

この比率も花王の場合は大きく変化しています（図表40）。

図表 40

自己資本比率とは

$$自己資本比率 = \frac{自己資本}{総資本}$$

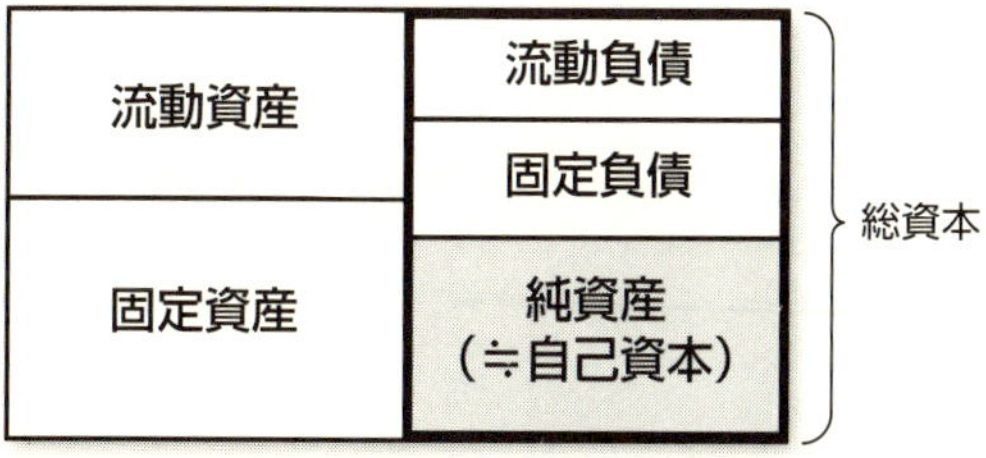

自己資本比率の変化

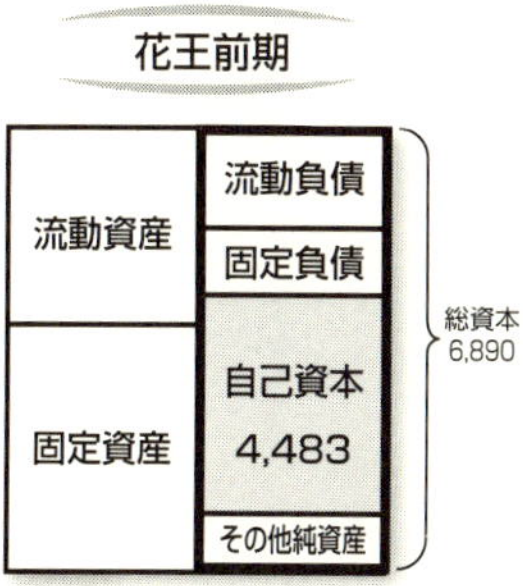

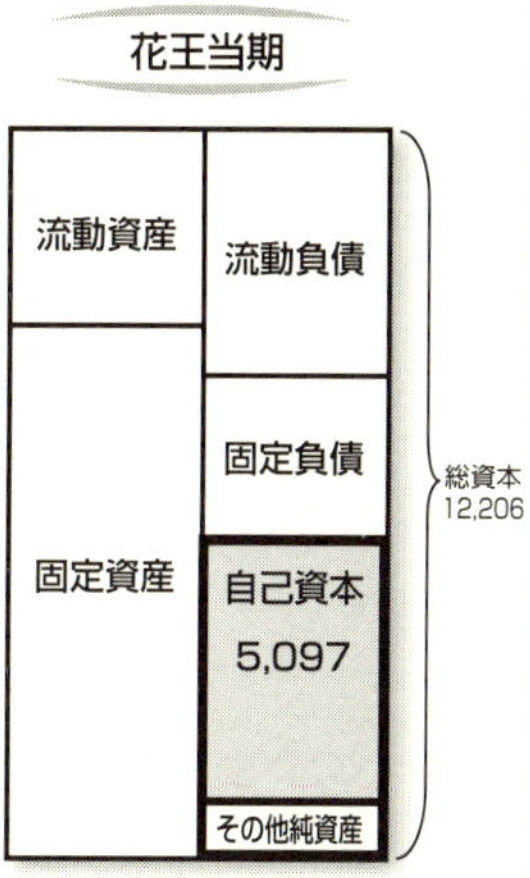

前期　$\frac{4,483}{6,890} = 65.1\%$

当期　$\frac{5,097}{12,206} = 41.8\%$

■経営分析のまとめ

以上のように、花王の前期・当期比較は、大型M&Aが決算書にどのような影響を与えるかを、はっきりと示す結果になりました。

いかに花王といえども、これからの展開次第では大きなリスクを伴う決断だったと思います。

しかし、経営にリスクはつきものです。花王は企業発展のために、化粧品の業界で力のあるカネボウを買収し、成長を図ろうとしているわけです。

それにしても、思い切った買収をして、一時的にせよ財務体質を悪くしたものの、それでも一般的な上場企業の平均値並み。花王が今まで蓄積してきた財務の力は非常に大きいなと感じます。

最後に見た自己資本比率の高い会社は、単に企業の安定度があるだけでなく、長期間、高い収益性を維持してきた会社と言うことができます。キヤノン、武田薬品、トヨタ自動車、セブン・アンド・アイHD、ヤマトHDなど業界トップの会社は、いずれも高い自己資本比率を維持しています。

こうした会社の自己資本の中心は、利益剰余金です。純資産の部の中で、圧倒的に多くの金額を占めるのが、利益剰余金なのです。

今まで、着実に利益を蓄積してきたかどうか、それが自己資本比率の高低を決めているわけです。

第４章

「キャッシュ・フロー計算書」って何？

Ⅰ キャッシュ・フローが重要な理由

1 資金の動きで企業を評価

■儲かっている企業は金持ち？

私たちがその会社を良い会社と見るかどうかは、前章で学んだような経営分析手法を使って、多角的に分析するのがよいようです。

しかし、前章で整理した比率分析の手法の出発点は資本利益率でしたから、利益が中心の分析でした。

確かに、直感的にその会社の良し悪しを見るのでしたら、会社の利益があるのかどうか、つまり、「儲かっている会社かどうか？」が、大きなポイントになっているようです。

かつての経営分析、会社の評価は、こうした「利益」が評価の中心でした。

図表41

キャッシュで繋がる「投資家」と「企業」

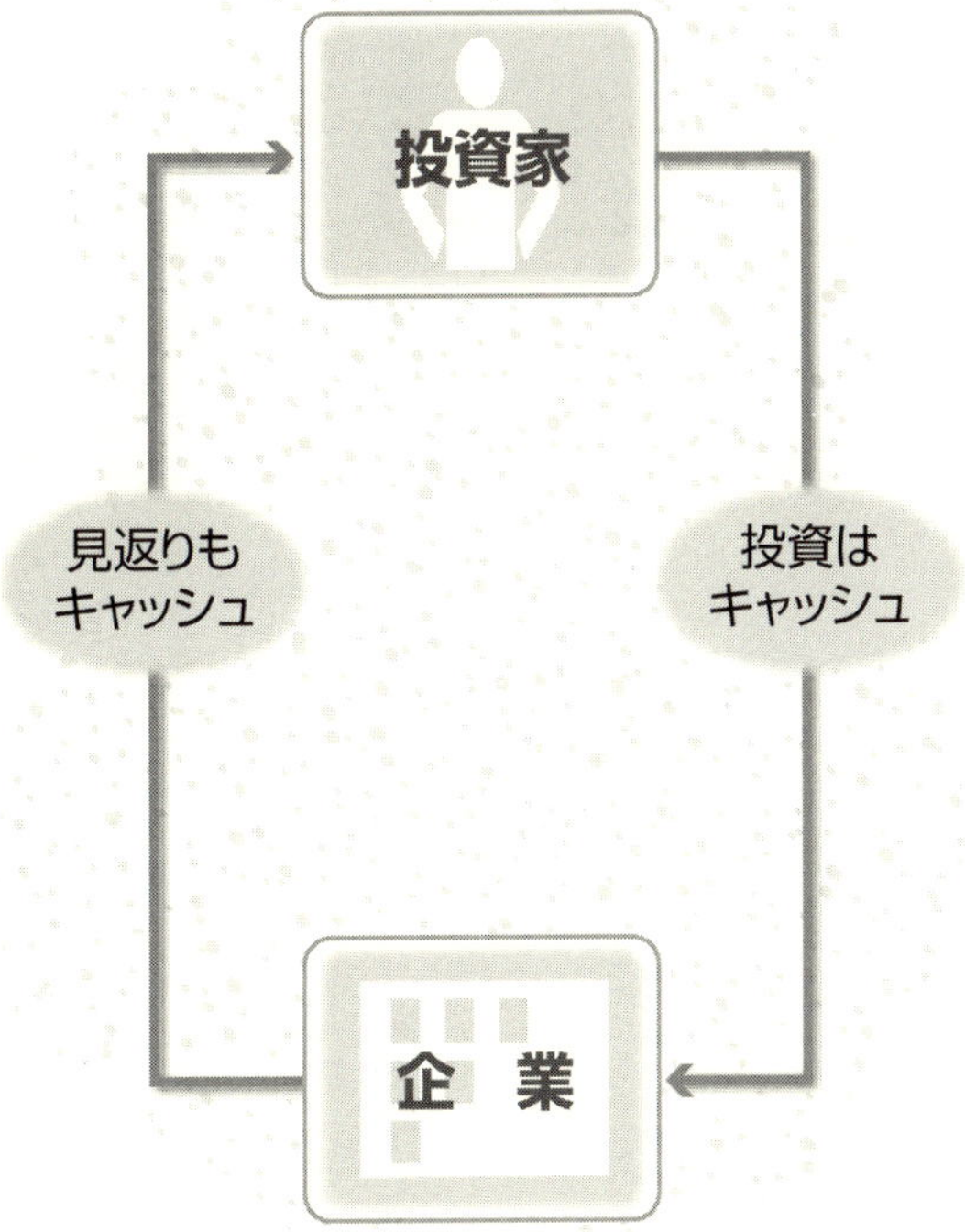

今でも、利益が一番大きなポイントであることは変わらないと思います。

しかし、つぶれた企業を見ると、おきまりのように粉飾決算が発見されます。

最近の話題としては、前章で取り上げたように花王が買収したカネボウの事件がありました。カネボウは二〇〇〇億円にものぼる利益を粉飾していたのです。企業が公表する利益は信頼に足るものでしょうか？

また、投資家にとっては、現金を投下しているのですから、企業がどのくらいの現金を回収できたのかを評価の基準とすることは、非常に大切なことであるはずです。我々はキャッシュを事業に投下し、その見返りにいくらのキャッシュが得られるかに興味があるからです。

それならば、会社の状況を資金の出入りを中心に見直そう、こうして登場してきたのがキャッシュ・フロー計算書です。

■キャッシュ・フロー計算書は新人

損益計算書や貸借対照表だけを見ていればよい時代は楽でした。前述したような理由により、日本にキャッシュ・フロー計算書が登場してきたのは二〇〇〇年になってからでした。損益計算書や貸借対照表に比べれば、まったくの新人です。

この新人は登場するや否や、本屋の一角を占拠するくらい大きな話題になりました。でも、その割にその後の活躍はもう一つという感じです。

これは、キャッシュ・フロー計算書のどこを見ればよいのかが明確でなく、見るからに難しそうな表スタイルで、一般の人からすると、「見たくもない」様式だからではないでしょうか。

でも、ポイントを絞って見れば、キャッシュ・フロー計算書は非常に有益な計算書なのです。

2　三区分される計算書

■キャッシュの動きをまとめたもの

キャッシュ・フロー計算書というと、今後キャッシュがどのように動いていくのかを示すものという感じを受けますが、それは全然違います。

キャッシュ・フロー計算書は損益計算書と同じように、終了した一年間のキャッシュの動きを示したものなのです。キャッシュがどのような理由で増減したかが書いてあるのです。

損益計算書では、利益というと五種類ありました。すなわち、売上総利益、営業利益、経常利益、税引前当期純利益、当期純利益の五つです。このように区分することによって、どのような理由で利益が発生したのかがわかるわけです。

キャッシュ・フロー計算書も同じです。

今期はキャッシュが減少したけれど、なぜ?

今期は営業成績が悪く、赤字が発生したからかもしれません。あるいは、土地の購入など思い切り投資をした結果かもしれません。

ことによると、銀行から借金の返済を迫られ、借入金の返済をしたから、現金が減少したことも考えられるでしょう。

このように、その決算期間中にキャッシュがどのような理由で増減したかを示すのがキャッシュ・フロー計算書なのです。

■キャッシュは現金預金とほぼ同じ

これまで、キャッシュという言葉を気楽に使ってきました。読者の皆さんは、いったいどのようなイメージで、キャッシュという言葉をとらえられたでしょうか？

キャッシュ・フロー計算書で言うキャッシュは、決算書の「現金及び預金」とほぼ同じです。

現金はもちろんですが、預金もキャッシュの仲間です。もっとも、定期預金のうち、三月以上の預入期間のものは除くのが普通です。

逆に有価証券などでも、公社債投資信託のように現金と同じような性格を持つものは、キャッシュの仲間とされています。

ここでは難しいことを考えずに、キャッシュは現金及び預金と同じと考えて、次に進んだ方が効率的なようです。

■三区分の中味

キャッシュ・フロー計算書は、「営業」「投資」「財務」の三つに区分されます。

つまり、会社は「営業」でどのくらいキャッシュを稼ぎ、それを「投資」に回したか。そして、銀行等からいくら借入をしたか、または返済をしたかという「財務」状況が示してあります。以下、三つのキャッシュ・フロー（ＣＦ）の意味を整理しておきましょう。

①営業活動によるキャッシュ・フロー

営業によって得たキャッシュから、仕入れや各種経費に支払ったキャッシュを差し引いて求めた金額です。営業活動でどのくらいキャッシュを得られたかですから、非常に重要な意味を持ちます。もちろん大きい方がよいことになります。

②投資活動によるキャッシュ・フロー

固定資産の購入など投資活動にどのくらいキャッシュを使ったかが書かれています。固定資産売却の収入や株の売買などが記入されますが、普通、大きな金額となるのは固定資産の購入です。したがって、投資活動によるキャッシュ・フローは一般的にはマイナス（支出超）となります。

③財務活動によるキャッシュ・フロー

銀行からの借入金及び返済、社債の発行及び償還などが中心です。資金調達需要の多い年にはプラスになりますが、どちらかというと、一般的にマイナスになることが多いと思われます。その他に、増資による資金調達や配当金の支払もここに記されます。

3　営業キャッシュ・フローの構成

■純利益 ＋ 減価償却費でスタート

利益が発生すれば資金が増える、という理屈に逆らう人はあまりいないようです。もちろん、利益金額だけそのまま資金が増えるのであれば、損益計算書さえあればよいということになり、キャッシュ・フロー計算書は不要です。

実際には、利益とキャッシュ・フローの増加とは一致しません。その代表格が減価償却費の存在です。

たとえば、例示されている損益計算書を見て下さい（図表42）。このケースでは、営業

図表42

損益計算書

売上高	100
売上原価	70
人件費	20
減価償却費	3
当期純利益	7

資金の増加　7+3=10

によって資金はどのくらい増えるでしょうか？

当期純利益が七ですが、ここに至る過程で、減価償却費三を差し引いているはずです。減価償却費は、資金の支出を伴わない費用ですから、資金は出ていっていません。したがって、キャッシュが増加するのは七＋三＝一〇のはずです。

このことは、売上高から売上原価と人件費を差し引いて一〇という結果が得られることによって証明されます。

ここで計算したような純利益＋減価償却費のことをキャッシュ・フローといい、キャッシュ・フロー計算書はまさにここからスタートしています。

図表43

キャッシュ・フロー計算書

当期純利益	7
減価償却費	3
売掛金の増加	△2
営業活動による キャッシュ・フロー	8

■売掛金や在庫の調整

前述したケースでキャッシュの増加が一〇あったというのは、あくまで売上や仕入れが現金でなされたものであるとか、在庫の増加がないなどという前提条件付きです。もしも売掛金（受取手形も同じ）が当期に大きく増加したらどうなるでしょうか？

売掛金の増加は、資金がまだ回収されていないことを意味していますから、当期に利益が上がったほど資金回収が進んでいないことを意味しています。売掛金が増加したことは、キャッシュの増加を妨げるマイナス要因になっています。

このケースでも、もしも売掛金が前期よ

り二、増加したとすれば、営業活動によるキャッシュ・フローの数値は一〇でなく、八になるはずです。

棚卸資産（在庫）についても同じです。前期よりも在庫が増えたということは、その分だけ多く仕入れたことにもなり、資金支出が多かったことを示します。

逆に、買掛金が増加することがあれば、それは今期のキャッシュの出が少なかったことを意味します。この場合であれば、キャッシュのプラス要因です。ただし、あくまでキャッシュ・フロー計算書は終了した決算日までの資金の増減がどうであったかを示すものであり、今後、資金支出が増えるかどうかを問題にしているものではありません。

このように、キャッシュ・フロー計算書は、当期純利益（実際のキャッシュ・フロー計算書では税引前当期純利益〈連結では税金等調整前当期純利益〉）＋減価償却費からスタートして、売上債権や在庫、仕入債務の増減などを調整し、営業活動でどのぐらいの資金が獲得できたかを示すことになります。

売上債権や在庫など資産の増加はキャッシュのマイナス要因、仕入債務の増加はキャッシュのプラス要因と整理することができます。

読者の皆さんは急にチンプンカンプンになったかもしれません。

こうした簡単な説明だけでこの内容を理解できる人は、マレです。ですから、営業活動によるキャッシュ・フローは、営業によって稼ぎ出したキャッシュ・フローを示すものという割り切り方をして頂いても結構です。

4　投資活動と財務活動によるキャッシュ・フローの内容

■金喰い虫の『投資』

営業活動によるキャッシュ・フローのあとに登場するのが、投資活動によるキャッシュ・フロー（以下『投資』と示すこともあります）です。土地や建物、機械など有形固定資産に対する投資がここでの主役です。固定資産を売却することもありますが、通常は購入の方が多いので、資金の支出超過となります。

もしも、この『投資』がプラスであったら、どうなるのでしょう。

投資活動で資金が得られるということであれば良さそうに思えますが、実際には問題である場合が多いのです。

『投資』がプラスになるのは、資産リストラなどによる場合が多いからです。規模が一定水準に達する企業では、継続発展していくために毎年なんらかの投資をしていくのが普通です。

つまり、『投資』の部分の金額はキャッシュの支出超過を意味するマイナスが普通なのです。それがプラスということは、所有している固定資産を売却する状況にあったわけですから、あまり望ましい姿ではないのです。

■株の売買も投資キャッシュ・フロー

有形固定資産の売買の他、株などの有価証券の売買も『投資』に含まれます。その株式が流動資産の有価証券にあたる場合も同じです。

株の売買で大きな影響があるのは、M&Aで会社を買い取る場合などですが、花王のキャッシュ・フロー計算書を見ると、その金額の大きさが確認できます（図表44）。

平成十八年三月期の投資キャッシュ・フローは、実質ほとんどがカネボウ化粧品買収によるものです。営業キャッシュ・フローに比べて、非常に大きな投資がなされていることがわかります。

図表44

花王のキャッシュ・フロー計算書

	17.3期	18.3期
営業キャッシュ・フロー	1,096	1,173
投資キャッシュ・フロー	△ 544	△4,795
（うち子会社取得分）	（—）	（△2,930）
（うち無形固定資産取得分）	（△ 40）	（△1,517）
財務キャッシュ・フロー	△ 907	3,567

18.3期の子会社取得、無形固定資産のほとんどは
カネボウ化粧品買収によるもの

■借入と社債が主役の『財務』

財務活動は主に資金をどのように調達するかがポイントのコーナーです。銀行からの借入（長期・短期とも）や社債の発行などが中心になります。借入金や社債については返済もあるわけですから、資金の収入ばかりでなく、支出項目も出てきます。

前述した『投資』が固定資産への資金支出が中心であったのに対し、『財務』の方は資金の調達・返済に関する収入・支出が中心というわけです。

企業の資金調達としては、借入金と社債の他、増資によっての調達も行われます。これもこの『財務』欄で取り上げられます。

5　健全なキャッシュ・フローと危ないキャッシュ・フロー

■『営業』でどのくらい稼げたか

健全な企業経営ということからすれば、営業活動で大きなキャッシュ・フローを稼ぎ出し、それを投資活動に回すべきです。そうした観点からすると、次のキャッシュ・フロー計算書（図表45）のうち、理想的なパターンというのはどれでしょうか?

A社からD社の四社はいずれも三つのキャッシュ・フロー合計はゼロで、今期中のキャッシュ（現金及び現金同等物）の増減はありません。そうした点では同じです。

しかし、内容を見ると大きく違います。

A社は、『営業』で大きく稼ぎ、その範囲で『投資』に回し、『財務』も借入返済などをしているのですから、バランスがとれている状態と言えます。この四社の中では一番良いキャッシュ・フロー計算書と言えるでしょう。

B社は『営業』でホドホド稼いだものの、それ以上の金額を投資し、その一部財源を『財務』に頼っているのですから、ちょっとリスクのあるパターンです。しかし、企業が

図表 45

A～D社のＣＦ…どこが健全？

	A社	B社	C社	D社
営業活動によるCF	100	50	0	−50
投資活動によるCF	−50	−100	−50	50
財務活動によるCF	−50	50	50	0

積極投資に向かうときなどは、こうした現象が現れます。

C社のパターンは、『営業』で稼いだ資金はないけれど、『財務』に頼りながら積極的に行こうというパターンです。リスクのある状況で、若い企業などにはよく見られる状況です。

D社は、『営業』では稼げなかったが、『投資』で稼いでいるパターンです。確かに投資した株式などでキャッシュを獲得することもあるでしょうが、多くはリストラのときに現れる症状です。

このように、キャッシュ・フロー計算書の三つの段階の金額を比較してみると、その企業の状況がよくわかります。

■単年度だけでの評価は無理

キャッシュ・フロー計算書の評価は、上記のように三つの項目を比較すればよさそうですが、実際には単年度だけでの評価は難しいと言えます。

なぜなら、企業には思い切り大きな投資をするときがあるからです。『営業』で稼いだ金額以上の投資をすることがあるのです。カネボウ化粧品を買収した花王の例などが典型的です。単年度だけで見た場合、『営業』よりも『投資』（絶対値）が大きくなるのです。先ほどの花王の決算書の通りです。

では、それでダメかというと、そうとは限りません。巨大なプロジェクトを立ち上げれば、そのような結果になるのです。

6　キャッシュ・フローの分析

■数値としてのキャッシュ・フロー

キャッシュ・フロー計算書を見ながら、三つの項目のバランスを比較することの重要性についてお話ししてきました。キャッシュ・フロー計算書を見るときには、その他に比率を使った経営分析の手法があります。

その際に、絶対理解しておかねばならない項目が、数値としてのキャッシュ・フローです。キャッシュ・フローの分析では、キャッシュ・フロー計算書の営業活動によるキャッシュ・フローなどが使われることもありますが、単純化した数値としてキャッシュ・フローが用いられる場合も多くなっています。

そこでのキャッシュ・フローの定義は次の通りです。

キャッシュ・フロー＝当期純利益＋減価償却費

この算式は、会社が経営をしてきて得られるキャッシュの中核部分を表すものです。キャッシュ・フロー計算書の最初の部分は、まさにここから始まります（日本のキャッシュ・フロー計算書は、税引前当期純利益から始まり、あとで法人税の支払額を控除する方式です）。

株価キャッシュ・フロー倍率

$$= \frac{株\quad価}{1株あたりキャッシュ・フロー}$$

たとえば、株価とこの数値とを比較したものが、「株価キャッシュ・フロー倍率」です。

この数値が低いということは、得られるキャッシュ・フローの割に、株価が安いことを意味しています。

分母を一株あたり当期純利益にした指標が、PER（株価収益率）です。

■有利子負債とのバランス

キャッシュ・フロー計算書の営業活動によるキャッシュ・フローを使った指標としてよく用いられるのが、「有利子負債営業キャッシュ・フロー比率」です。

有利子負債は、短期借入金、長期借入金、社債などを指しますが、この残高が、今期中に稼ぎ出した営業キャッシュ・フローの何倍あるかという指標です。

もちろん、この比率が低いことは、有利子負債に十分耐

有利子負債営業キャッシュ・フロー比率

$$= \frac{\text{有　利　子　負　債}}{\text{営業活動によるキャッシュ・フロー}}$$

えられる営業キャッシュ・フローがあるということですから、企業としては健全だというわけです。

　この比率は、有利子負債が何年くらいで返済できるかを表すことから、「債務償還年数」と表示されることも多くなっています。

麒麟麦酒株式会社　連結キャッシュ・フロー計算書

平成17年1月～12月

区　　分	億円
Ⅰ　営業活動によるキャッシュ・フロー	
1　税金等調整前当期純利益	1,090
2　減価償却費	710
3　固定資産廃棄売却損	49
4　棚卸資産の増減額(増加：△)	△ 83
5　仕入債務の増減額(減少：△)	△ 43
6　その他	△ 326
7　法人税等の支払額	△ 349
営業活動によるキャッシュ・フロー	1,047
Ⅱ　投資活動によるキャッシュ・フロー	
1　有形・無形固定資産の取得による支出	△ 630
2　有形・無形固定資産の売却による収入	143
3　有価証券・投資有価証券の取得による支出	△ 354
4　有価証券・投資有価証券の売却・償還による収入	184
5　その他	△ 11
投資活動によるキャッシュ・フロー	△ 667
Ⅲ　財務活動によるキャッシュ・フロー	
1　短期借入金の増減額(減少：△)	△ 3
2　長期借入による収入	63
3　長期借入金の返済による支出	△ 252
4　自己株式の取得による支出	△ 107
5　配当金の支払額	△ 134
6　その他	△ 88
財務活動によるキャッシュ・フロー	△ 520
Ⅳ　現金及び現金同等物に係る換算差額	16
Ⅴ　現金及び現金同等物の増減額 (減少：△)	△ 125
Ⅵ　現金及び現金同等物の期首残高	1,773
Ⅷ　現金及び現金同等物の期末残高	1,648

おわりに

最後まで読んでいただき、ありがとうございました。少しでも多くの人に数字の重要性を知ってほしい、数字のおもしろさをわかってほしい、そう思って本書を書きました。

読者の皆さんは覚えておいででしょうか。最初に私は、「できるだけ数字を使わない」というお約束をしました。前半部分は、決算書の本にもかかわらず、そうしたお約束を守ってきました。ただ、後半部分については実際の企業の決算書の実例を使ったこともあり、やや数字が多くなりました。

でも、数字を使わなかった前半部分で、決算書の持つ「こころ」を知っていただいた後ですから、比較的抵抗なくお読みいただけたのではないかと思っております。

私には、五〇万部超売れた『決算書がおもしろいほどわかる本』があります。おかげさまで韓国語にも翻訳されましたが、そのときにとても良い経験をしました。

私は「いつ、できあがるのか」と、その日を楽しみに待っていました。そして、ついに来たのです、その翻訳本が――。人生の中で、自分の本が翻訳されるなど思ってもいなかっただけに、私は最高に嬉しかったです。

ですが、その本を開けてわかりました。私には何の価値もない本だと。韓国語が読めない私にとって、何の意味もないのです。

「決算書」も同じだと思います。

単なる数字の羅列を見ても、言葉を知らない人には何の意味もありません。しかし、ひとたび、その意味がわかれば、そのことは大きな価値を持ちます。

今回、皆さんは決算書の理解にチャレンジされ、最後まで拙著とおつきあいいただきました。決算書が持つ基本的な意味をご理解いただけたのではないかと思います。

決算書には「こころ」があります。決算書が無味乾燥な数字の羅列ではなく、重要なシグナルを送っていることを知ってほしいのです。

早速、自社や関連する会社の決算書を手にして、決算書の「こころ」を読み取ってほしいと思います。

PHP
Business Shinsho

石島 洋一（いしじま よういち）
1948年、神奈川県生まれ。一橋大学経済学部卒業。民間企業、東京都商工指導所、会計事務所勤務を経て、石島公認会計士事務所を設立。公認会計士、税理士、中小企業診断士、社会保険労務士。
主な著書に『決算書がおもしろいほどわかる本』『これならわかる「会社の数字」』『だいたいわかる「決算書」の読み方』『「バランスシート」がみるみるわかる本』（以上、ＰＨＰ文庫）、『決算書まるわかりレッスン』『数字が苦手な人の「簿記」の本』『会社数字の読み方』（以上、ＰＨＰ研究所）、『バランスシートがやさしくわかる本』（ぱる出版）、『２時間で読める「決算書」』（成美堂出版）、『石島洋一のわくわく決算書』（中経出版）などがある。

【連絡先】
〒101−0044 東京都千代田区鍛冶町１丁目７番12号
ヤマモトビル 石島公認会計士事務所
ＴＥＬ：03-5294-1122 ＦＡＸ：03-5294-1150
e-mail：ishijima@ops.dti.ne.jp
遊びのホームページ：http://www.ops.dti.ne.jp/~ishijima

PHPビジネス新書 014

これでわかった！ 決算書

損益計算書、貸借対照表からキャッシュ・フロー計算書、経営分析まで

2006年10月３日 第１版第１刷発行
2009年５月25日 第１版第４刷発行

著者 石島洋一
発行者 江口克彦
発行所 ＰＨＰ研究所
東京本部 〒102-8331 千代田区三番町３番地10
ビジネス出版部 ☎03-3239-6257（編集）
普及一部 ☎03-3239-6233（販売）
京都本部 〒601-8411 京都市南区西九条北ノ内町11
PHP INTERFACE http://www.php.co.jp/
装幀 齋藤稔
制作協力・組版 ＰＨＰエディターズ・グループ
印刷所 製本所 共同印刷株式会社

ISBN4-569-65409-6

「PHPビジネス新書」発刊にあたって

わからないことがあったら「インターネット」で何でも一発で調べられる時代。本という形でビジネスの知識を提供することに何の意味があるのか……その一つの答えとして「**血の通った実務書**」というコンセプトを提案させていただくのが本シリーズです。

経営知識やスキルといった、誰が語っても同じに思えるものでも、ビジネス界の第一線で活躍する人の語る言葉には、独特の迫力があります。そんな、「**現場を知る人が本音で語る**」知識を、ビジネスのあらゆる分野においてご提供していきたいと思っております。

本シリーズのシンボルマークは、理屈よりも実用性を重んじた古代ローマ人のイメージです。彼らが残した知識のように、本書の内容が永きにわたって皆様のビジネスのお役に立ち続けることを願っております。

二〇〇六年四月

PHP研究所